U0695994

"学本课堂"
构建的探索与实践

徐卫东　席明焕 ◎ 主 编

北 京 出 版 集 团
北京教育出版社

图书在版编目（CIP）数据

"学本课堂"构建的探索与实践 / 徐卫东，席明焕
主编. -- 北京：北京教育出版社，2023.8
ISBN 978-7-5704-5840-0

Ⅰ.①学… Ⅱ.①徐… ②席… Ⅲ.①课堂教学—教
学研究—中学 Ⅳ.①G632.421

中国国家版本馆CIP数据核字（2023）第162894号

"学本课堂"构建的探索与实践

徐卫东　席明焕　主编

*

北 京 出 版 集 团
北 京 教 育 出 版 社　出版

（北京北三环中路6号）
邮政编码：100120
网址：www.bph.com.cn
京版北教文化传媒股份有限公司总发行
全国各地书店经销
河北宝昌佳彩印刷有限公司印刷

*

710 mm×1 000 mm　16开本　16.5印张　261千字
2023 年 8 月第 1 版　2023 年 8 月第 1 次印刷
ISBN 978-7-5704-5840-0
定价：58.00 元

版权所有　翻印必究

质量监督电话：（010）58572525　58572393

编 委 会

主　编：徐卫东　席明焕

副主编：左永记　张亚芳

编　委：郭焕涛　李　磊　冯三强　刘邓辉

　　　　李　明　吕翅飞　郑向丽　杨成栋

　　　　彤　彬　王玲玲　姬　鹏　冷　丽

　　　　孙雪华　李世奇　秦小萌　宋艳枝

平顶山市第一高级中学学校文化

一、校训

精进至中，明德至善。

二、校风

融短促长，德才并美。

三、六大育人目标

自主精神、规则意识、科学态度、家国情怀、国际视野、积极人格。

四、教育理念

让学生在适合自己发展的路上，成就最佳的自我。

五、工作理念

慎终如始，变化云为。

六、课改理念

先学后教、能学不教、少教多学、以学定教。

七、课堂教学总体要求

问题解决、学生中心、自主合作。

序 言

英国著名课程研究专家斯滕豪斯认为："课程改革是人的改革，课程发展是人的发展，没有教师的发展就没有课程的发展。"这就是说，教师是新课程改革的积极推动者和实施者，要尊重教师的主导地位，使教师从陈旧的教育观念中解放出来，充分发挥其积极性、自主性和创造性，才能将新课程改革的成果作用于广大学生。

自新课程改革全面推行以来，我校教师秉承"精进至中，明德至善"的校训，落实六大育人目标——自主精神、规则意识、科学态度、家国情怀、国际视野、积极人格，依照"一校一模，一科多模，一模多法"的课堂教学模式的实施办法，深入开展课改探索与实践，全力打造"学本课堂"，让学生在适合自己发展的路上，成就最佳的自我。在校党委、校领导班子的持续指导与推动下，全校师生勇于探索，实践创新，两年来初步形成了具有我校特色的"学本课堂"教学模式，更好更快地实现了我校教育教学的跨越式发展。

现将各教研组、备课组团队提炼的学科教学模式和与之对应的优秀教学案例编撰成册，以便大家在工作学习中参照借鉴。尽管这些教学模式和课例称不上鸿篇巨作，但它们却凝结了我校广大教师的一片心血，记录了我校教师潜心教学、苦心钻研的心路，其中蕴含的独到见解、真挚情感代表着我校教职工对教学事业的无限热爱和不懈追求，展示了我校教师丰富的教育智慧和精湛的教学艺术，是我校课改研究成果的集中体现。

平顶山市第一高级中学"学本课堂"构建领导小组

2022 年 9 月

目 录

上 篇

初中学科"学本课堂"教学模式及典型课例

下 篇
高中学科"学本课堂"教学模式及典型课例

上 篇

初中学科"学本课堂"教学模式及典型课例

初中语文现代文讲读课模式

教学模式

一、导入新课

使学生兴趣盎然地进入教学情境，激发学生的学习兴趣。

二、教学目标

教学目标的设置与"三单"内容保持一致的同时，对接中招考试题型。

三、处理预习单

在预习单部分，让学生识记重点字词的音形义；对于文学常识、写作背景等相关补充知识，要根据需要，各有侧重；在此基础上对学生进行初步检测，实现学生基础知识的自主学习。

四、教学新课

目标导学一：初读课文，感知整体

在扫清字词障碍后，引导学生初步了解课文。

目标导学二：再读课文，品味细节

以自主探究—小组合作的形式开展文本教学活动，使学生有自主思考的时间，有充分交流的机会；从教师、学生自身、同伴互助三个方面展开文本学习活动，使知识的准确度、参与的覆盖面、参与的积极性大幅提升，从而进一步提高课堂效率。

目标导学三：深层探究，体会情感

欣赏文学作品并使学生有自己的情感体验，领悟作品的内涵，从中获得对自然、社会、人生的有益启示。

五、课堂小结

让学生谈本节课的收获，教师给予适当的补充，然后教师带领学生从工具性和人文性两方面进行总结，培养学生归纳概括问题的能力，帮助学生形成完整的知识体系。

六、限时检测（最后 10 分钟）

学生学完后应该对本课所学知识加深理解，学会应用。本环节设计如下：

（1）学生答题 5～7 分钟。

（2）学生核对答案，在 1～2 分钟内完成互改。

（3）教师讲评重难题和易错题。

▣ 典型课例

《老山界》教学设计

主备人：李蒙蒙　审核人：苏醒

一、导入新课

上节课，我们已经学习了《老山界》的基础知识，完成了课文梳理等，这节课，我们继续学习《老山界》。

二、教学目标

1. 了解批注，掌握做批注的方法。

2. 通过分析关键语句，感受文章生动、细腻的描写特点。

3. 体会红军战士顽强不屈、乐观向上的革命精神。

三、处理预习单

略。

四、教学新课

目标导学一：

文章是按照时间和地点的转移展开叙述的，请试着以此为线索，概括红军翻越老山界的经过。

目标导学二：

老山界是红军长征翻越的第一座难走的山，翻越老山界的"难"表现在哪些方面呢？战士们都持怎样的态度？这体现了红军战士的什么精神？（可用文中语句回答）

目标导学三：

学做批注：

（1）自读课文，选出你最欣赏的一段话做批注。

（2）小组交流，选出组内的优秀批注进行展示。

（3）交流展示。

五、课堂小结

通过一节课的学习，大部分同学都能掌握并应用做批注的方法：先确定赏析角度；再结合语句和文章主题，分析具体内容；最后理解情感表达，分析人物情感。

六、限时检测

见附件限时检测单。

七、板书设计

老山界

陆定一

做批注 ｛ 确定角度   分析内容   结合主旨

八、作业布置

课外阅读杨得志的《大渡河畔英雄多》，并用学到的批注方法做批注。

【点评】

1. 详略得当，基本达到预期教学目标。

2. 用问题引领文章讲解和方法探究，加深学生的情感领悟。

3. 教学设计思路连贯，预习内容、教学内容和课后检测、作业布置保持一致。

4. 强化小组合作，课堂人人参与，让学生有实实在在的收获感。

附： 教学三单

预习单

一、学习目标

1. 了解作者陆定一和本文的写作背景，识记并理解文中的生字生词。

2. 理解课文的思想内容，了解课文材料安排的特点。

3. 体会重要语句的含义，学习红军不怕困难、以苦为乐的革命乐观主义精神。

二、作者简介

陆定一（1906—1996 年），江苏无锡人，无产阶级革命家。他 1925 年加入中国共产党；1934 年 10 月参加长征。

三、创作背景

1934 年 10 月中国工农红军开始长征，12 月从广西全州渡过湘江，翻过位于广西壮族自治区东北部和湖南省边界的越城岭，向贵州方向前进。

四、基础知识梳理

1. 字音字形。

(1) 惊惶（　　）　　(2) 攀谈（　　）　　(3) 苛捐杂税（　　）

(4) 篱笆（　　）　　(5) 峭壁（　　）　　(6) 骨碌（　　）

(7) 酣然入梦（　　）　(8) 蜷（　　）　　(9) 矗立（　　）

(10) 咀嚼（　　）　　(11) 呜咽（　　）

2. 词语释义。

(1) （　　）：指惊慌，惊恐，举止失去常态。

(2) （　　）：闲谈，交谈，指互相交谈。

3. 下列有关课文的说法，不当的一项是（　　）。

A. 《老山界》选自《中国工农红军第一方面军长征记》，作者陆定一，江苏无锡人，无产阶级革命家

B. 本文叙事简洁生动，也有很多细腻的描写，充满了浓郁的抒情色彩

C. "上边和下边有几堆火没有熄"中的"和"是动词

D. "别人在赞美，在惊叹，而闻一多先生个人呢，也没有'说'"一句中的"而"是表示转折关系的连词

导学单

1. 文章是按照时间变化和地点转移展开叙述的，请完成表格并试着以此为线索，概括红军翻越老山界的经过。

	时间	地点	人物	活动
第一天				
第二天				

2. 老山界是红军长征翻越的第一座难走的山，翻越老山界的"难"表现在哪些方面呢？战士们都持怎样的态度？填写下表。

困难	具体表现	战士态度

3. 我们刚刚学过批注，请你找出文中精彩的句子，做一些批注。

（1）满天都是星光……这真是我生平没见过的奇观。

（2）耳朵里有不可捉摸的声响，极远的又是极近的，极洪大的又是极细切的，像春蚕在咀嚼桑叶，像野马在平原上奔驰，像山泉在鸣咽，像波涛在澎湃。

（3）远远地还听见敌人飞机的叹息，大概是在叹息自己的命运：为什么不到抗日的战线上去显显身手呢？

限时检测单

（限时7分钟，共12分）

1. 下列各组词语中加点字注音有误的一项是（ 　　 ）。（3分）

A. 瑶民（yáo）　　搀扶（chān）　　峭壁（qiào）　　惊惶（huáng）

B. 煮粥（zhōu）　　咀嚼（jiáo）　　道歉（qiàn）　　督促（dū）

C. 歇脚（xiē）　　盛饭（chéng）　　闪烁（shuò）　　矗立（chù）

D. 悬崖（xuán）　　攀谈（pān）　　聚集（jù）　　枯竹（kū）

2. 下列句中加点词语运用不当的一项是（　　）。（3分）

A. 在旧社会，沉重的苛捐杂税压得老百姓喘不过气来

B. 同学们劳动了一天，天一黑就都酣然入梦了

C. 他经常做一些让人不可捉摸的事情

D. 他因父母离异，辍学流浪，以偷窃为生，成了行内当之无愧的"神偷手"

3. 做批注是非常好的读书方法，可以品味词语，还可以从修辞手法、表现手法等方面进行赏析。请从修辞手法的角度给下面的句子做批注。（6分）

这是一家瑶民，住着母女二人；男人大概是因为听到过队伍，照着习惯，到什么地方去躲起来了。

初中语文现代文自读课（新授课）模式

教学模式

一、导入新课

通过观看视频、图片，播放歌曲，做小游戏，复习等方式导入新课，提出问题，激发学生求知欲。

二、学习目标

根据新课标要求，结合教学内容，制订符合学生认知规律的学习目标，引起学生重视。

三、自主预习

要求学生依据预习单以及导学单所提问题，通读教材内容，解决预习单以及导学单上面的大部分问题。另外找出部分较难问题在课堂解决。

四、课堂导学

依据汇总的疑难问题，引导学生细读文本，深入探究，突破疑难点。

五、限时检测

5～7分钟答题，3～5分钟点评，答疑解惑，最后反馈成绩，掌握学生学习效果。

典型课例

《台阶》教学设计

主备人：刘梦梦　审核人：常真真

一、导入新课

（出示图片）看到台阶大家会联想到什么呢？《台阶》这篇文章围绕台阶会说些什么呢？让我们一起走进它一探究竟。

二、学习目标

1. 围绕台阶梳理故事情节。

2. 通过情节、细节把握父亲形象。

3. 通过把握父亲的形象、台阶的含义来理解小说主题。

三、自主预习

屏幕出示任务：阅读课本第73页的"阅读提示"，你获得了哪些重要的信息？（文章内容和阅读方法）

要求：在"阅读提示"中标记出来。

（1）文体特征：从"阅读提示"中我们了解到，这是一篇用第一人称叙述"我"父亲与台阶的故事的小说。那么，我们可以围绕台阶来梳理故事情节。我们还了解到，分析父亲这一人物形象和理解这篇小说的主题是阅读的重点。

（2）阅读的策略、方法："却"字提示我们在阅读过程中可以通过思考父亲在台阶砌成前后言行的矛盾和变化来把握父亲形象和归纳主题。我们要关注小说中生动传神的细节描写，通过做批注的方式加以点评。

由此我们可以得出本节课的三个目标：①围绕台阶梳理故事情节；②通过情节、细节、矛盾把握父亲形象；③通过把握父亲的形象、探究结局来理解小说主题。下面，让我们一起"过关斩将"吧！

自主预习成果展示：

1. 检测生字词。

（1）读准字音，记准字形。

凹凼（dàng）　　涎水（xián）　　揩汗（kāi）　　筹划（chóu）

黏性（nián）　　撬开（qiào）　　尴尬（gān）　　过瘾（yǐn）

憋住（biē）　　头颅（lú）　　门槛（kǎn）　　晌午（shǎng）

（2）理解重点词语的词义。

微不足道：非常渺小，不值得一提。

大庭广众：人很多的公开场合。

2. 明确小说的结构。

小说的故事情节一般由开端、发展、高潮、结局四个部分组成，本文是一篇结构完整的小说，根据这一点我们可以分析本文的结构。

开端：父亲觉得自己家的台阶低，要造有高台阶的新屋。

发展：父亲开始了漫长的准备。

高潮：父亲终于造起了有九级台阶的新屋。

结局：新屋落成了，父亲人也老了，身体也垮了。

四、课堂导学

目标导学一：初读课文，整体感知

（登上台阶，认识父亲）

通过课前预习，请用简洁的语言概括课文的内容。

明确：本文主要讲了父亲用大半辈子的时间来造一栋有高台阶的新屋，而台阶建成时自己却老了的故事。

通过情节内容的梳理，同学们对文中的父亲已经有了初步印象。我们模糊地看到了一位辛劳的、执着的父亲。下面，让我们通过生动传神的细节描写，进一步把握父亲的形象。

目标导学二：深入课文，细节探究

（驻足台阶，了解父亲）

（1）假如你是一位摄影师，要拍一组父亲形象的照片，你会将父亲的哪些细节拍成特写镜头呢？（小组合作）

方法指导：①圈点勾画找细节；②品读语句拟标题。

示例：

文本第 5 自然段：他的脚板宽大，裂着许多干沟，沟里嵌着沙子和泥土。父亲的这双脚是洗不干净的。（"宽大"可得知父亲身材高大，"许多干沟"可知父亲干重活多且长期劳作，"沙子和泥土"可见父亲整日奔波，非常辛劳。标题：泥脚——我的辛劳的父亲）

（2）按照时间顺序，或按照事情发展顺序，我们来梳理一下父亲在造台阶时三个不同阶段的形象。

建台阶前：

建台阶时：

建台阶后：

明确（学生展示）：

（青石板——我的强健的父亲）

我的强健、节俭的父亲，你力气大到能一口气背三趟 300 来斤的青石板，却也"心眼小"到为磨破了一双麻筋草鞋而感到可惜。

（草鞋——我的吃苦耐劳的父亲）

我的吃苦耐劳的父亲，你垒在门墙边那已经磨穿了底的破草鞋才一个冬天就堆得超过了台阶。

（目光——我的执着的父亲）

我的坚定执着的父亲，你注视高高台阶的目光是那么专注，就连老是摇来摇去的柳树枝也摇不散。

……

（3）现在，你能总结概括父亲的形象吗？

明确：父亲是一位敢想敢做、执着坚忍、吃苦耐劳、朴实厚道、和善谦卑、倔强要强的普通农民。

目标导学三：体会台阶的含义，理解主题

（回眸台阶，探寻父亲形象）

1. 我们说文中的父亲有作者现实父亲的影子。

原来我早就并且一直踩在他的肩膀上，父亲用他的肩膀作为我的人生的台阶。

——李森祥

那么文中的"我"有没有"踩"在父亲的肩膀上呢？文中的父亲所做的一切都是为了家里，我们说，他筑高台阶是为了"我们"家的地位。我们发现文中有几处这样的话："父亲又像是对我，又像是自言自语地感叹""我们家的台阶低"。他本来跟自己说就可以了，为什么要跟"我"说呢？

学生展示：

生1：我觉得父亲跟他的儿子说，是为了让他们家地位真正高起来，不仅仅是通过造台阶。

生2：这是父亲对儿子的一种惭愧，惭愧于没有给儿子一个外在的地位。

教师总结：父亲明白了受人尊重不仅仅是靠造台阶这个外物，而是要家里的"台阶"真正高起来。父亲感到很惭愧：不能给"我"很高的地位，那是他没用。与此同时，父亲在感染着"我"："在困难面前，要有担当，是男子汉就要用肩膀扛。"这大概就是不善言辞的父亲没有说出口的话吧。

2. 探寻父亲形象的时代意义。

给最后一段文字"怎么了呢父亲老了"添加标点，并说明理由。

明确：

可能是："怎么了呢？父亲老了！"似乎在问自己，有说不出的悲凉。

可能是："怎么了呢？父亲老了？"似乎在问别人，父亲真的老了吗？

作者为什么说"怎么了呢，父亲老了"？

父亲指的仅仅是一个人吗？他的一生具有怎样的时代意义？

学生讨论后明确：原来，父亲的形象在那个年代几乎到处可见。他已经不单纯指一个人了，他是那个年代乃至今天典型的生命不息、奋斗不止的中国农民的代表。他们一生为人厚道，朴实无华，面朝黄土背朝天，努力用自己的行动赢得别人的尊重，捍卫自己的尊严。中华民族正是在这样坚忍精神的支撑下才绵延不绝的。从某种意义上说，他们正是我们民族命脉传承中最厚重、最坚实的那级台阶！

结束寄语：父亲年轻时，我们站在父亲的肩膀上，登上人生一级一级的台阶；当父亲渐渐老去时，我们应该勇敢坚定地接过父亲肩上的担子，承担家庭的重任，去实现心中新的台阶梦！

五、限时检测

见附件限时检测单。

【点评】

该篇小说体裁的文章是自读课文，语言浅显易懂，易于理解，学生通过自主阅读完全可以理解文章的大概意义。关于体裁和文章深层次的含义则要老师在上课过程中着重讲解，要用"感性的品读—理性的悟读"这一顺序解读"父亲"的时代意义，需要通过从知识的教授到情感的渗透来达成，这是本课的重难点。

附： 教学三单

预习单

一、学习目标

1. 围绕台阶梳理故事情节。

2. 通过情节、细节把握父亲形象。

3. 通过把握父亲的形象、台阶的含义来理解小说主题。

二、预习检测

1. 给下面加点字注音。

凹凼（   ）　　尴尬（   ）　　晌午（   ）

涎水（   ）　　门槛（   ）　　啃（   ）

黏性（   ）　　蹦（   ）　　撬（   ）

磕（   ）　　揩（   ）　　茬（   ）

2. 词语解释。

微不足道：

大庭广众：

3. 整体感知。

本文围绕_____记叙了父亲为_____而拼命苦干的一生，表现了农民艰难困苦的生存状况和他们为改变现状而不懈努力的精神，表达作者对父亲的赞美。

4. 理清小说的情节结构。

开端（1~9 自然段）：

发展（10~16 自然段）：

高潮（17~24 自然段）：

结局（25~32 自然段）：

导学单

目标导学一：初读课文，整体感知

（登上台阶，认识父亲）

1. 通过课前预习，请用简洁的语言概括课文的内容。（谁+什么事+怎么样）

2. 通过预习单梳理情节，我们整体感受到父亲是一个_____的人。

目标导学二：深入课文，细节探究

（驻足台阶，了解父亲）

假如你是一位摄影师，要拍一组父亲形象的照片，你会将父亲的哪些细节

拍成特写镜头呢？（小组合作）

方法指导：①圈点勾画找细节；②品读语句拟标题。

示例：

文本第5自然段：他的脚板宽大，裂着许多干沟，沟里嵌着沙子和泥土。父亲的这双脚是洗不干净的。（"宽大"可得知父亲身材高大，"许多干沟"可知父亲干重活多且长期劳作，"沙子和泥土"可见父亲整日奔波，非常辛劳。标题：泥脚——我的辛劳的父亲）

按照时间顺序，或按照事情发展顺序，我们来梳理一下父亲在造台阶时三个不同阶段的形象。

建台阶前：

（　　　）——（　　　　　　　　　　　　　　　）

（　　　）——（　　　　　　　　　　　　　　　）

（　　　）——（　　　　　　　　　　　　　　　）

……

建台阶时：

（　　　）——（　　　　　　　　　　　　　　　）

（　　　）——（　　　　　　　　　　　　　　　）

（　　　）——（　　　　　　　　　　　　　　　）

……

建台阶后：

（　　　）——（　　　　　　　　　　　　　　　）

（　　　）——（　　　　　　　　　　　　　　　）

（　　　）——（　　　　　　　　　　　　　　　）

……

目标导学三：体会台阶的含义，理解主题

（回眸台阶，探寻父亲形象）

1. 我们发现文中有几处这样的话："父亲又像是对我，又像是自言自语地感叹""我们家的台阶低"。他本来跟自己说就可以了，为什么要跟"我"说呢？

2. 文本最后：好久之后，父亲又像问自己又像是问我："这人怎么了？"

怎么了呢（　　）父亲老了（　　）

怎么了呢（　　）父亲老了（　　）

……

最后一段如果让你加标点符号，你将怎样加？为什么？

最后一段作者为什么要用逗号和句号呢？

补充：关于小说的结尾，当初我的确没有把它当作悲剧来处理。在中国乡村，一个父亲的使命也就那么多，或造一间屋，或帮子女成家立业，然后他就迅速地衰老，并且再也不被人关注，我只是为他们的最终命运而惋惜，这几乎是乡村农民最为真实的一个结尾。

——李森祥

目标导学四：小结主题

本文叙述父亲终年辛苦，准备了大半辈子，终于造起了有九级台阶的新屋，实现了一辈子心愿的故事。小说中的父亲的一生是典型的中国农民奋斗不止的一生。以父亲为代表的这些一无所有但依旧艰苦奋斗的草根阶层，正是中华民族文化中最厚重的那级台阶！

限时检测单

本文运用典型的细节描写刻画了父亲的形象，请结合课件上的油画，运用细节描写的方法写一个小片段。(150 字左右)

初中代数概念课模式

📖 教学模式

一、新课引入

通过图片、视频、模型、教具等设置情境引出新授知识，或通过复习引入新授知识。

二、展示学习目标

向学生展示学习目标（尽量分层级），让学生认真阅读。

三、探究新知

1. 通过课前预习，学生用自己的语言给出概念。

2. 根据学生预习以及回答情况，教师明晰概念，圈点勾画概念关键词。

3. 教师根据学生预习情况，针对易错点和难点，让学生小组讨论、交流，汇总讨论成果并分享。

4. 学生各组讨论成果互相进行点评，教师总结方法规律。

四、即时练习

1. 学生完成各个概念对应的练习。

2. 学生核对答案。

3. 教师讲评重难题和易错题。

4. 学生对拔高题进行思维发散并上台分享。

五、课堂小结

1. 学生对新学内容进行总结。

2. 教师补充完善，出示思维导图。

六、限时检测（最后 10 分钟）

1. 学生答题 5~7 分钟。

2. 学生核对答案，在 1~2 分钟内完成互改。

3. 教师讲评重难题和易错题。

三 典型课例

"整式"教学设计

（北师大版七年级上册）

主备人：范静静　审核人：王丙心、樊彬彬

一、教学目标

1. 经历用字母表示数量关系的过程，在现实情境中进一步理解字母表示数的意义，发展符号感。

2. 了解整式产生的背景和整式的概念，能求出整式的次数。

3. 进一步发展观察、归纳、分类等能力，发展有条理地思考及表达的能力。

二、教学设计分析

（一）情境引入

活动内容：教师提供一系列问题情境，让学生在完成了课前预习已经写出了代数式的基础上，试着将代数式分成两类。

1. 小芳房间的窗户如图所示，其中上方的装饰物由两个四分之一圆和一个半圆组成（它们的半径相同）。

(1) 装饰物所占的面积是多少？

(2) 窗户中能射进阳光的部分的面积是多少？

（窗框面积忽略不计）

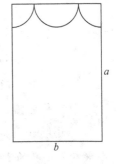

2. 如课本图 3-5 所示，一个十字形花坛铺满了草皮，这个花坛草地面积是多少？

3. 当水结冰时，其体积大约会比原来增加 $\frac{1}{9}$，$x\,\mathrm{m}^3$ 的水结成冰后体积是多少？

4. 如课本图 3-6 所示，一个长方体的箱子紧靠墙角，它的长、宽、高分别是 a，b，c，这个箱子露在外面的表面积是多少？

5. 某件商品的成本价为 a 元，按成本价提高 15% 后标价，又以 8 折（即按标价的 80%）销售，这件商品的售价为多少元？

活动目的：使学生了解整式的实际背景，进一步理解字母表示数的意义，认识代数式的作用。

（二）概念的教学

活动内容：在讲解完单项式、多项式、整式的概念及整式的次数后，立即让学生把上一环节中的代数式进行归类并指出它们的次数、系数、项。

活动目的：使学生熟悉新概念并在具体情境中识别新概念。

（三）课堂练习

活动内容：

1. 下列多项式分别有几项？每项的系数和次数分别是多少？

（1）$-\dfrac{1}{3}x - x^2y + 2\pi$；

（2）$x^3 - 2x^2y^2 + 3y^2$.

2. 小红和小兰房间窗户的装饰物如图所示，它们分别由两个四分之一圆和四个半圆组成（半径分别相同）。

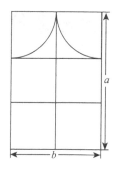 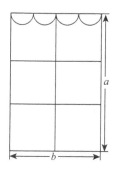

（1）窗户中能射进阳光的部分的面积分别是多少？（窗框面积忽略不计）

（2）你能指出其中的单项式或多项式吗？它们的次数分别是多少？

3. 小明和小亮各收集了一些废电池，如果小明再多收集 6 个，他的废电池个数就是小亮的 2 倍。根据题意列出整式：

（1）若小明收集了 x 个废电池，则小亮收集了_____个废电池；

（2）若小亮收集了 x 个废电池，则两人一共收集了_____个废电池。

（四）课堂小结

活动内容：鼓励学生结合本节课的学习谈自己的收获与感想（学生畅所欲言，教师给予鼓励），包括整式的概念、怎样区分单项式与多项式、怎样求整式的次数、从中学到了哪些数学思想和方法等。

活动目的：发展学生归纳、分类等能力，发展学生有条理地思考及语言表达的能力。

（五）限时检测

活动内容：学生在规定时间内完成限时检测题目。

活动目的：对学生本节知识的掌握情况进行检测，帮助学生更好地发现自己需要课下加强的地方。

（六）布置作业

完成"导与练"对应章节。

【点评】

1. 要创造性地使用教材。学生在前两节课中已经初步接触了单项式、多项式，因此没有必要在概念的教学上花太多时间，应将教学重点放在准确、规范地用字母表示数量关系上，让学生在解决问题的过程中了解数学的价值，增强"用数学"的信心。

2. 相信学生并为学生提供充分展示自己的机会。通过小组讨论、小组抢答、班内竞赛、学生讲解等多种形式，为学生提供展示自己聪明才智的机会，组织小组合作学习，帮助学生形成积极主动的求知态度。

附： **教学三单**

预习单

一、学习目标

1. 通过具体实例理解单项式、多项式、整式的概念。

2. 理解单项式的系数、次数，多项式的项数、次数等概念。

二、自主探究

1. 请认真阅读课本第87页至第88页，并回答以下问题：

（1）小芳房间的窗户装饰物所占的面积是_____；窗户中能射进阳光的部分的面积是_____。

（2）做一做：花坛草地面积是_____；水结成冰后体积是_____；箱子露在外面的表面积是_____；这件商品的售价是_____。

观察你所写的式子，将它们按一定标准分类。

2. 仔细阅读课本关于单项式、多项式的概念，圈画出你心中的关键词。

三、预习检测

请指出下列单项式的系数、次数以及多项式的项数、次数。

（1）$-15a^2b$ 的系数是_____，次数是_____；$\dfrac{3x^2}{\pi}$ 系数是_____，次数是_____。

（2）$2x-3y$ 有_____项，分别是_____，这个多项式的次数是_____，因此它是_____次_____项式。

（3）$4a^2b^2-4ab+b^2$ 有_____项，分别是_____，这个多项式的次数是_____，因此它是_____次_____项式。

四、预习反思

今天你在预习中有哪些困惑？

导学单

一、探究新知

1. 明确单项式、多项式、整式的有关概念，请指出预习单自主探究 1 中的单项式和多项式，并说出单项式的系数、次数以及多项式的项和次数。

2. 思考：怎样判断一个式子是否为单项式？

二、新知运用

1. 小红和小兰房间窗户的装饰物如图所示，它们分别由两个四分之一圆和四个半圆组成（半径分别相同）。

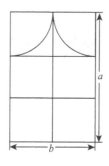 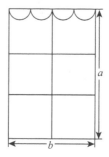

（1）窗户中能射进阳光的部分的面积分别是多少？（窗框面积忽略不计）

（2）你能指出上题中得到的单项式或多项式吗？它们的次数分别是多少？

2. 小明和小亮各收集了一些废电池，如果小明再多收集 6 个，他的废电池个数就是小亮的 2 倍。根据题意列出整式：

(1) 若小明收集了 x 个废电池，则小亮收集了_____个废电池。

(2) 若小亮收集了 x 个废电池，则两人一共收集了_____个废电池。

三、盘点收获（记录本节课的重点、易错点，教师新补充内容等）

限时检测单

（限时 7 分钟，共 30 分）

1. 下列说法中不正确的是（　　）。

A. $a^2 - a^3bc + bc^3$ 是五次三项式

B. $-x^2$ 读作 x 的平方的相反数

C. $2x^2 - 3xy + y^2$ 是二次三项式

D. 数字 -1 不是单项式

2. 如果单项式 $2a^nb^2c$ 是六次单项式，那么 n 的值为（　　）。

A. 6　　　　　　　　　　　　B. 5

C. 4　　　　　　　　　　　　D. 3

3. 在关于 x 的多项式 $(m-2)x^2 - mx - 3$ 中，若 x 的一次项系数为 -2，则这个多项式为_____。

4. 将下列式子填到对应的位置。

$x^2 + y^2$, $-x$, $\dfrac{a+b}{3}$, 10, $6xy+1$, $\dfrac{1}{x}$, $\dfrac{1}{7}m^2n$, $2x^2 - x - 5$, $\dfrac{2}{x^2+x}$.

单项式：

多项式：

整式：

5. 指出下列多项式的次数和项数。

(1) $-3a^2 + 2a - 1$ 　　　　　　(2) $6x^2 - 9x^3 + xy^3 + 3$

6. 某小区一块长方形绿地的造型如图所示（单位：m），其中两个扇形表示绿地，两块绿地用五彩石隔开，那么五彩石带的面积是多少？

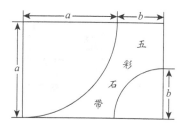

初中几何概念课模式

教学模式

一、情境引入

通过图片、视频、模型、教具等设置情境引出新授知识。

二、展示学习目标

向学生展示学习目标（尽量分层级），学生认真阅读。

三、探究新知

1. 通过预习，学生结合图形用自己的语言给出概念。

2. 根据学生预习情况，教师明晰概念，圈点勾画关键词。

3. 教师根据学生预习情况，针对易错点和难点，让学生小组讨论、交流，汇总讨论成果并分享。

4. 各组对讨论成果互相进行点评，教师总结方法规律。

四、即时练习

1. 学生完成各个知识点对应的练习。

2. 学生核对答案。

3. 教师讲评重难题和易错题。

4. 学生对拔高题进行思维发散并上台分享。

五、课堂小结

1. 学生对新学内容进行总结。

2. 教师补充完善，出示思维导图。

六、限时检测（最后 10 分钟）

1. 学生答题 5~7 分钟。

2. 学生核对答案，在 1~2 分钟内完成互改。

3. 教师讲评重难题和易错题。

典型课例

"认识三角形（1）"教学设计

（北师大版七年级下册）

主备人：李世奇　审核人：张硕

一、学情分析

知识技能基础：学生已经学习了有关三角形的一些初步知识，能在生活中抽象出三角形的几何图形，并能给出三角形的简单概念及一些相关概念，但不够严谨。学生在第二章对两直线平行的条件以及平行线的特征进行了探索，具备了探究三角形内角和的基本知识和基本技能。

活动经验基础：学生在之前的几何学习过程中已对图形的概念、线段及角的表示方法等有了一定的认识，为认识三角形的概念和表示方法的学习奠定了基础。在小学学习三角形的内角和时是通过撕、拼的方法得到的，具备了直观操作的经验，同时在之前的学习中已进行过多次合作学习，具有一定的合作学习的经验。

二、教学目标

1. 通过观察、操作、想象、推理"三角形内角和等于180°"的活动过程，发展空间观念、推理能力和有条理地表达的能力。

2. 在数学活动中通过合作与交流，培养协作意识及数学表达能力。

3. 在探究学习中体会数学的现实意义，培养学习数学的信心，体验解决问题方法的多样性。

三、教学设计

（一）情境引入

在我们的生活中几乎随处可见三角形，它简单、有趣，也十分有用。你能找出教室里的三角形吗？生活中的呢？

三角形可以帮助我们更好地认识周围的世界，解决很多实际问题，今天就让我们开始系统地学习三角形吧！

（二）展示学习目标

（1）认识三角形的概念及基本要素，探索并掌握三角形内角和等于180°。

（2）会把三角形按角分类，掌握直角三角形的性质。

（3）运用所学知识解决三角形与平行线结合的综合问题。

（三）探究新知

见附件导学单"二、探究新知"。

（四）归纳总结

这节课你都学到了什么？（学生回答，教师梳理）

（五）限时检测

见附件限时检测单。

【点评】

1. 本节课三角形的概念、分类，以及直角三角形两锐角的性质比较简单，不宜花费过多时间，给出相关概念和性质后应让学生快速熟悉三角形的三要素，使学生学会对三角形进行分类，学会利用性质解决实际问题。

2. 要明晰本节课是从角的角度研究三角形的。

3. 探索三角形内角和定理是本节课的重难点和亮点，应该让学生充分发散思维。

4. 通过探索让学生学会抓住解决问题的关键点，联想有关的旧知识，运用旧知识解决新问题。

附： 教学三单

预习单

一、学习目标

1. 了解三角形的概念及基本要素，探索并掌握三角形内角和等于180°。

2. 会把三角形按角分类，掌握直角三角形的性质。

3. 运用所学知识解决三角形与平行线结合的综合问题。

二、自主探究

认真阅读课本第64~66页，回答下列问题。

1. 三角形的定义是什么？如何表示一个三角形？

2. 三角形的组成要素有哪些? 画图说明。

3. 三角形的内角和等于多少度,如何证明? 尝试用不同的方法进行证明。

4. 知道三角形的一个内角的度数,能判定是三角形的类型吗? 三角形如何按角进行分类?

5. 直角三角形该如何表示? 直角三角形的三边怎样命名? 直角三角形的两个锐角有什么关系?

三、预习检测
完成课本第 66~67 页随堂练习。
四、预习反思
今天在预习中你有哪些困惑?

导学单

一、新课引入
略。
二、探究新知
知识点一:三角形的有关概念
1. 对比多边形的定义,给出三角形的定义:

_____ 。

2. 下图三角形可以表示为:

_____ 。

3. 结合下图指出三角形的组成要素:

_____ 。

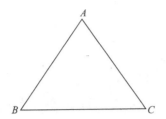

[即时练习]

1. 下图中共有_____个三角形，它们是_____。

2. 以 AD 为边的三角形有_____。

3. ∠C 分别为 △AEC，△ADC，△ABC 中_____，_____，_____边的

对角。

4. ∠AED 是_____，_____的内角。

5. △AED 的三条边分别是____，_____，_____，三个内角分别是_____，

_____，_____。

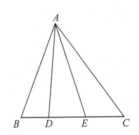

知识点二：三角形的内角和定理

1. 三角形的内角和等于_____度。

2. 如何证明三角形的内角和定理？

(1) 不用逻辑推理的方法如何证明？

(2) 用逻辑推理的方法如何证明？请画图，写出已知和求证并证明。

3. 总结三角形内角和定理的证明方法，并说出推理证明的思路。

[即时练习]

1. 在△ABC 中，若∠A = 55°，∠B = 15°，则∠C = _____；若∠C = 80°，∠A = ∠B，则∠B = _____。

2. 三角形中三个内角之比为 2 : 3 : 4，则三个内角的度数分别为_____。

知识点三：三角形按角分类及直角三角形的性质

1. 看课本第 82 页"议一议"，当知道三角形的一个内角大小的，可以判断该三角形是什么三角形吗？

2. 三角形如何按角分类？如何判断一个三角形的类型？

3. 下图所示直角三角形如何表示？指出该直角三角形的直角边与斜边。

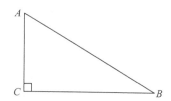

4. 直角三角形的两个锐角有什么关系？你是如何得到的？

[即时练习]

1. 在直角三角形中，其中一个锐角是另一个锐角的 2 倍，则这两个锐角的度数分别为_____、_____。

2. 若一个三角形两个内角的度数分别如下，则这个三角形是什么三角形？

（1）30°和 60°。

（2）40°和 70°。

（3）50°和 20°。

3. 如图所示，已知∠ACB = 90°，CD⊥AB，垂足是 D。

（1）图中有几个直角三角形？是哪几个？分别说出它们的直角边和斜边。

（2）∠1 和∠A 有什么关系？∠2 和∠A 呢？

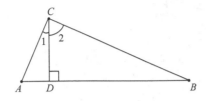

[能力提高]

1. 如图所示，在△ABC 中，∠C = 70°，若沿图中虚线截去∠C，则∠1 +
∠2 = （   ）

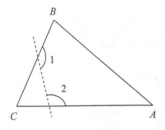

A. 360°   B. 250°   C. 180°   D. 140°

2. 如图所示，在△ABC 中，∠BAC = 90°，BD 平分∠ABC，CD//AB 交 BD
于点 D，已知∠D = 29°，则∠1 的度数为 _____。

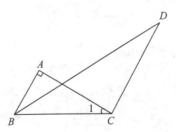

3. 如图所示，已知 AD⊥BC，EF⊥BC，∠1 = ∠2，∠B = 50°，∠DGC =
70°，求∠C 的度数。

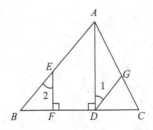

三、归纳总结

总结这节课你都学到了什么。

限时检测单

（限时 7 分钟，共 30 分）

1. 下面是一位同学用三根木棒拼成的图形，其中符合三角形概念的是（　　）。

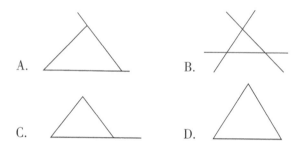

2. 如图所示，图中的三角形共有（　　）。

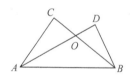

A. 3 个　　　　　　　　　　　B. 4 个

C. 5 个　　　　　　　　　　　D. 6 个

3. 已知一个三角形中一个角是锐角，那么这个三角形是（　　）。

A. 锐角三角形　　　　　　　　B. 直角三角形

C. 钝角三角形　　　　　　　　D. 以上都有可能

4. 如图所示，$\triangle ABC$ 中，$\angle A = 90°$，点 D 在 AC 边上，$DE \parallel BC$，若 $\angle 1 = 153°$，则 $\angle B$ 的度数为_____。

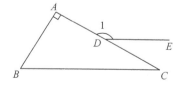

5. 在 △ABC 中，∠A = 60°，∠B = 2∠C，则 ∠B = _____。

6. 如图所示，AE // BD，∠CAE = 100°，∠CBD = 48°，求 ∠C 的度数。

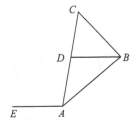

初中几何性质课模式

教学模式

一、新课引入

通过图片、视频、模型、教具等设置情境引出新授知识或通过复习引入新授知识。

二、展示学习目标

向学生展示学习目标（尽量分层级），学生认真阅读。

三、探究新知

1. 教师根据学生的预习情况，引导学生首先通过观察进行猜想，然后通过度量、剪拼、逻辑推理等方式探索几何性质。

2. 教师明晰相关几何性质，圈点勾画关键词。

3. 教师引导学生尝试写出几何语言，自己进行规范。

4. 教师根据学生预习情况，针对易错点和难点，让学生小组讨论、交流，汇总讨论成果并分享。

5. 学生各组对讨论结果互相点评，教师总结方法规律。

四、即时练习

1. 学生完成各个几何性质对应的练习。

2. 学生核对答案。

3. 教师讲评重难题和易错题，对大题的答题格式进行规范。

4. 学生对拔高题进行思维发散并上台分享。

五、课堂小结

1. 学生对新学内容进行总结。

2. 教师补充完善，展示出思维导图。

六、限时检测（最后 10 分钟）

1. 学生答题 5~7 分钟。

2. 学生核对答案，在 1~2 分钟内完成互改。

3. 教师讲评重难题和易错题。

典型课例

"探索轴对称的性质"教学设计

（北师大版七年级下册）

主备人：李静一、林欣果　审核人：丁玉荣

一、教学目标

1. 进一步复习生活中的轴对称现象，探索并掌握轴对称的性质。

2. 会利用轴对称的性质作对称点、对称图形、对称轴等。

3. 经历探索轴对称性质的过程，积累数学活动经验，发展空间观念。

二、教学重难点

重点：正确理解轴对称的性质。

难点：轴对称性质的运用。

三、课前准备

教师准备：教学课件。

学生准备：四人一小组，两人准备轴对称图形，两人准备成轴对称的图形。

四、教学过程设计

（一）回顾旧知

什么是轴对称图形？什么是成轴对称的图形？

（二）探究新知

1. 轴对称的性质

（1）如图，"喆"字是轴对称图形吗？是成轴对称的图形吗？对称轴是什么？

（2）作"喆"字的对称轴，将下半部分的两个"口"近似地看作两个正方形，用字母标记相关点。

①沿着对称轴折叠后，点 A 与点 A'、点 B 与点 B' 能重合吗？得到对应点的概念。

②沿着对称轴折叠后，线段 *AB* 与线段 *A'B'*、线段 *CD* 与线段 *C'D'* 能重合吗？得到对应线段概念。

③沿着对称轴折叠后，∠*A* 与∠*A'*、∠*B* 与∠*B'* 能重合吗？得到对应角概念。

（给学生留时间完成预习单的小结部分）

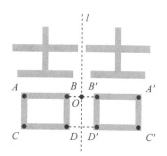

（3）小组活动。（观察、探索、交流）

小组活动任务：

拿出课前设计好的图案，先自主思考 2 分钟，思考完毕小组讨论 3 分钟。

①找对称轴。

②找两组对应点，说明对应点所连的线段与对称轴有什么关系、为什么。

③找两组对应线段，说明对应线段有什么数量关系、为什么。

④找两组对应角，说明对应角有什么数量关系、为什么。

活动结果反馈：

小组选出最具代表性的设计图，小组代表按任务顺序反馈讨论结果。

（课上选出两个小组代表上台利用展台软件进行展示，其中一位展示轴对称图形，另一位展示成轴对称的图形）

（4）轴对称的基本性质：在轴对称图形或两个成轴对称的图形中，对应点所连的线段被对称轴垂直平分，对应线段相等，对应角相等。

（5）得到性质后，回归图形。结合"喆"字解释性质，完成导学单"飞机"例子的相关问题，核对预习单"14"例子的答案。

完成导学单"一、探究新知"即时练习。

2. 作轴对称图形

（1）作出该△*ABC* 关于直线 *l* 成轴对称的图形。

（2）如何画一个图形的轴对称图形。

如图所示，已知△ABC 和直线 l，作出与△ABC 关于直线 l 对称的图形。

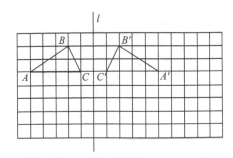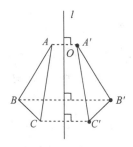

方法：

①过点 A 画直线 l 的垂线，垂足为点 O，延长 AO 至 A′，使得 OA′ = OA，A′ 就是点 A 关于直线 l 的对称点。

②同理，分别画出点 B，C 关于直线 l 的对称点 B′，C′。

③连接 A′B′，B′C′，C′A′，得到△A′B′C′，即为所求。

（教师边演示边说作图步骤，学生跟画）

（三）处理检测单

环节一：完成检测（具体内容见附件限时检测单）。

环节二：核对答案。

环节三：答疑解惑。

（四）课堂小结

总结本节课的重点、易错点、教师补充的新内容等。

【点评】

本节课借用"喆"字回顾上节课的轴对称相关知识，顺势引出新知，在得到性质后再次回到"喆"字上，充分发挥了引例的作用，体现了课程的整体性。小组活动目的明确、问题清晰、要求合理，真正体现了以学生为主体。

附：教学三单

预习单

一、学习目标

1. 进一步复习生活中的轴对称现象，探索并掌握轴对称的性质。

2. 会利用轴对称的性质作对称点、对称图形等。

3. 经历丰富材料的学习过程，提高对图形的观察、分析、判断、归纳等能力。

二、自主探究

认真阅读课本第121～122页，完成下列内容。

（一）探索轴对称的性质

1. 两图形成轴对称

观察课本第121页图5－5，回答下列问题：

（1）图中的两个"14"的关系是＿＿＿＿＿＿（根据上节课的内容回答）。

（2）折痕所在直线 l 是图形的＿＿＿＿＿＿，沿直线 l 折叠后点 E 和点 E' 重合，称点 E 关于对称轴 l 的＿＿＿＿＿＿是点 E'。连接点 E 和点 E' 的线段与 l 的位置关系是＿＿＿＿＿＿，同时线段 EE' 被 l 分成长度＿＿＿＿＿＿的两部分。

（3）沿直线 l 折叠后线段 AB 和线段 $A'B'$ 重合，称线段 AB 关于对称轴 l 的＿＿＿＿＿＿是线段 $A'B'$，线段 AB 的长度＿＿＿＿＿＿线段 $A'B'$ 的长度。

（4）沿直线 l 折叠后 $\angle 1$ 和 $\angle 2$ 重合，称 $\angle 1$ 关于对称轴 l 的＿＿＿＿＿＿是 $\angle 2$，同时有 $\angle 1$ ＿＿＿＿＿＿ $\angle 2$。

思考：通过对图5－5的观察，可以发现在两个成轴对称的图形中，对应点所连线段被对称轴＿＿＿＿＿＿，对应线段＿＿＿＿＿＿，对应角＿＿＿＿＿＿。

2. 轴对称图形

根据课本"做一做"内容，思考：如果是轴对称图形，有没有上述结论呢？（提前准备一个简单的轴对称图形，课堂交流）

（二）利用轴对称的性质作图

作出△ABC 关于直线 l 成轴对称的图形。（思考作图方法，简单写在空白处，课堂交流）

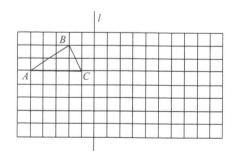

三、预习检测

课本第 122 页随堂练习。

四、预习反思

今天在预习中你有哪些困惑？

导学单

一、探究新知

（一）探索轴对称的性质

1. 两个成轴对称的图形（见预习单）。

2. 轴对称图形：观察下图所示的轴对称图形，回答下列问题。

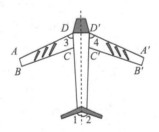

（1）找出它的对称轴及其成轴对称的两个部分。

（2）连接点 A 与点 A' 的线段与对称轴有什么关系？连接点 B 与点 B' 的线段呢？

（3）线段 AD 与线段 $A'D'$ 有什么关系？线段 BC 与线段 $B'C'$ 呢？为什么？

（4）∠1 与∠2 有什么关系？∠3 与∠4 呢？说说你的理由。

小结：

（1）定义：

①对应点：_____。

②对应线段：_____。

③对应角：_____。

（2）性质：在轴对称图形或两个成轴对称的图形中，对应点所连线段被对称轴垂直平分，对应线段相等，对应角相等。

[即时练习]

1. 下列关于轴对称性质的说法中，不正确的是（　　）。

A. 对应线段互相平行　　　　　　　B. 对应线段相等

C. 对应角相等　　　　　　　　　　D. 对应点连线与对称轴垂直

2. 如图所示，直线 MN 是四边形 AMBN 的对称轴，P 是直线 MN 上的点，连接 AP，BP。下列判断不一定正确的是（　　）。

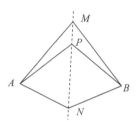

A. $AM = BM$　　　　　　　　　　B. $\angle ANM = \angle BNM$

C. $\angle MAP = \angle MBP$　　　　　　D. $AP = BN$

3. 如图所示，若△ABC 与△A′B′C′ 关于直线 l 对称，且∠A = 78°，∠C′ = 48°，则∠B 的度数为（　　）。

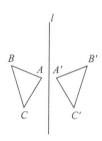

A. 48°　　　　　　B. 54°　　　　　　C. 74°　　　　　　D. 78°

（二）利用轴对称的性质作图

画出△ABC 关于直线 l 的对称图形。

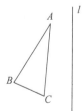 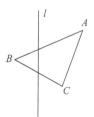

方法总结：先确定一些特殊的点（关键点），然后作这些特殊点的对称点，顺次连接即可。

[即时练习]

下面的轴对称图形只画出了一半，请画出它的另一半（直线 l 为对称轴）。

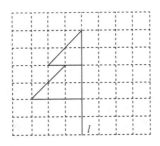

二、盘点收获

记录本节课的重点、易错点、教师新补充内容等。

限 时 检 测 单

（限时 7 分钟，共 19 分）

1. 下列说法不正确的是（　　）。

A. 两个关于某直线对称的图形一定全等

B. 对称图形的对称点一定在对称轴的两侧

C. 两个成轴对称的图形对应点的连线的垂直平分线是这两个图形的对称轴

D. 平面上两个全等的图形不一定关于某直线对称

2. 如图所示，若 $\triangle ABC$ 与 $\triangle A'B'C'$ 关于直线 MN 对称，BB' 交 MN 于点 O，则下列说法中不一定正确的是（　　）。

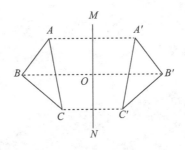

A. $AC = A'C'$ B. $AB // B'C'$ C. $AA' \perp MN$ D. $BO = B'O$

3. 如图所示,在三角形纸片中,$AB = 6$,$AC = 7$,$BC = 5$,沿过点 B 的直线折叠这个三角形,使点 C 落在 AB 边上的点 E 处,折痕为 BD,则 $\triangle AED$ 的周长为_____。

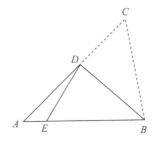

4. 下面的轴对称图形只画出了一半,请画出它的另一半。(直线 l 为对称轴)。

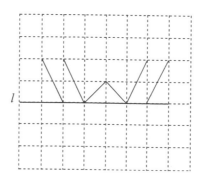

初中英语听说课模式

教学模式

一、听前活动

（一）导入

1. 展示预习成果。

2. 了解学习目标。

3. 进入话题情境，导入新课。

（二）探究

1. 围绕话题情境，创设任务，扫清听说障碍。

2. 运用预习知识，完成任务，实现交流互动。

3. 探究语言形式，观察思考，总结使用规律。

（三）练习

1. 深入话题情境，运用语言规律，进行操练。

2. 扩大话题范围，逐渐加大难度，反复操练。

二、听中活动

1. 教师提问，听前预测文本。

2. 回答问题，深入探究文本。

3. 反复诵读，感知感悟文本。

4. 总结归纳，凝练运用文本。

三、听后活动

（一）迁移

1. 围绕话题情境，迁移所学知识，通过小组合作等互动形式，解决真实生活问题，以达到灵活创新并学以致用的目的。

2. 回顾梳理本节课所学知识及规律，分析相关知识的语用环境。

（二）检测（10 分钟）

1. 进行限时检测。

2. 核对答案，得出分数。

3. 小组讨论，解决错题。

4. 统计各分数段人数。

典型课例

仁爱版七年级上册 Unit 4 Topic 1 Section A 教学设计
设计人：刘梦阳、陈佳佳　审核人：秦小萌

一、教学目标

语言能力：表达 1000 以内的数字，掌握有关购物的表达方法。

学习能力：正确认识听和说的辩证关系，树立信心，并及时发现和解决存在的问题；积极参与课堂，使用多种表达方式。

文化意识：在学习过程中，通过真实的情境培养合理的消费观。

思维能力：运用理解、分析、比较的方法习得语言。

二、教学重难点

1. 在情境中用"购物"这个话题进行对话训练与交流。

2. 从同伴处获取反馈，修改自己编写的购物对话。

三、教学环节

（一）听前活动

1. 导入

（1）展示预习成果。

（2）了解学习目标。

（3）进入话题情境，导入新课。

①Greet students and make students ready for learning.

②What does she do?（watches a video）

③If we want to buy something, how to ask the price?

④How to count numbers?

设计意图：提问复习，回忆旧知。看学生自制视频调动学生学习积极性，培养学生敢于创新、勇于实践、善于表达的学习精神。

2. 探究

（1）Present the new expression about wishes，"I want to buy... for...".

（2）Show some pictures of clothes with prices on them. Help the students learn the expressions of shopping and asking the price.

① – How much is/are...?

– It's... /They are... yuan.

② – What can I do for you，Madam?

– I want to buy some clothes for my...

③It looks nice on you.

④ – Thanks.

– Not at all. /That's all right. /You're welcome. /That's OK.

设计意图：从听入手，输入有关购物的交际用语；从模仿入手，能编写简单连贯的购物对话并准确表达。

3. 练习

（1）Look at the pictures about clothes with prices on them. Answer the teacher's questions：

T：How much is this dress?

S1：It's ... yuan.

T：How much is this coat?

S2：It's ... yuan.

（2）Ask and answer the questions about the price in pairs according to the pictures.

设计意图：对目标句型进行反复练习。

（二）听中活动

（1）Lead the students to predict the conversation by looking at the pictures in 1a before listening.

（2）Play the tape. Then answer some questions in 1b. Find key points by themselves and master some function sentences.

设计意图：运用了任务型教学法，让学生能用英语识别有关图片或实物，能根据简单指令作出反应，能借助语音语调、手势、表情等判断说话者的情绪和态度。

（三）听后活动

1. 迁移

（1）Let students sit in groups. Imagine their own shopping experiences and draw a picture. Suppose they are shopping now. Make new conversations about shopping in groups and practice the new conversations.

（2）Some groups act out the conversations. Remember to use the expressions of asking and giving help, asking the price and so on.

（3）Students can think over this question: What do you care about when you buy things? From four dimensions: quality, color, size, and price. Then revise what we learned today.

（4）Take down a new dialogue according to 1a.

设计意图：小组活动培养学生与他人合作的精神。利用小组评价表引导学生自主总结，同时给出方向，创新总结方式。

2. 检测（10分钟）

（1）进行限时检测。

Draw a picture of your own clothes store, then make a new conversation like 1a.

（2）核对答案，得出分数。

（3）小组讨论，解决错题。

（4）统计各分数段人数。

设计意图：通过限时检测，快速检测学生上课学习效果，及时发现问题，纠错答疑。

四、课后作业

1. 必做

Read 1a fluently and practice it with your partner, review the words and expressions in this section.

2. 选做

Write a new dialogue according to 1a and preview the new words of Section B.

设计意图：通过设置分层作业，实现培优补差，让学生找到自信。

五、板书设计

Unit 4 What can I do for you?

Section A

buy... for...   over there

try on   twenty – ninety

twenty-one – ninety-nine one hundred

（1）– What can I do for you? （2）– Thanks.

   – I want some...   – Not at all.

（3）– May I help you?   （4）– Can I try it on?

   – Yes，please. I'd like...   – Sure.

（5）– How much is it?   （6）I'll take it.

   – It's...

附：**教学三单**

预习单

一、完成课本第 82 页的 2a，并试着总结 20～999 的表达方式。

二、根据句意及首字母提示补全单词。

1. Seventy-five and five is e _____.

2. This coat looks nice. You can t _____ it on.

3. We have no milk at home, so you can go to the s _____ to buy some.

4. The old tree in my school is about one h _____ years old.

5. That pair of shoes is sixty yuan. I will t _____ them.

三、汉译英。

1. 我可以试穿一下它吗?

_____

_____

2. 他想给他的儿子买一双鞋。

_____

_____

3. 这个帽子多少钱?

_____

_____

导学单

一、找出下列数字的规律。

13 ~ 19：End with _____

20，30，...，90：End with _____

21 ~ 29，...，91 ~ 99：Don't forget _____

二、试着用英文写出以下数字。

100 one hundred/a hundred

101 one hundred and one

184 one hundred and eighty-four

215 two hundred _____

355 three hundred _____

468 four hundred _____

673 _____

739 _____

841 _____

999 nine hundred and ninety-nine

三、认真阅读1a，并找出下列用语。

招呼顾客：_____

_____

请求试穿：_____

_____

评价衣服：_____

_____

询问价格：_____

_____

决定买下：_____

_____

限时检测单

（限时 7 分钟，共 20 分）

Draw a picture of your own clothes store, then make a new conversation like 1a.

_____

_____

_____

_____

_____

提示：确定人称、时态，60 词左右。格式正确，书写整洁美观。

初中英语阅读课模式

教学模式

一、读前活动

（一）导入

1. 展示预习成果。

2. 了解学习目标。

3. 进入话题情境，导入新课。

（二）探究

1. 围绕话题情境，创设任务，扫清阅读障碍。

2. 运用预习知识，完成任务，实现交流互动。

3. 探究语言形式，观察思考，总结使用规律。

（三）练习

1. 深入话题情境，运用语言规律，进行操练。

2. 扩大话题范围，逐渐增加难度，反复操练。

二、读中活动

1. 运用新知，学习理解文本。

2. 小组合作，深入探究文本。

3. 反复诵读，感知感悟文本。

4. 总结归纳，凝练运用文本。

三、读后活动

（一）迁移

1. 围绕话题情境，迁移所学知识，通过小组合作等互动形式，解决真实生活问题，以达到灵活创新并学以致用的目的。

2. 回顾梳理本节课所学知识及规律，分析相关知识的语用环境。

（二）检测（10 分钟）

1. 进行限时检测。

2. 核对答案，得出分数。

3. 小组讨论，解决错题。

4. 统计各分数段人数。

典型课例

仁爱版七年级下册 Unit 8 Topic 1 Section D 教学设计

设计人：杨春霞、刘书娟　审核人：秦小萌

一、教学目标

语言能力：掌握天气相关的词汇，正确使用描述天气和活动的句子，运用连接词使表达更具逻辑性。

学习能力：借助扫读、寻读、思维导图等手段明确文章的主题意义，获取相关信息；积极参与主题讨论。

文化意识：提升热爱生活的情感，培养与他人积极合作的精神。

思维品质：能在读前、读中、读后活动链中开展积极的思维训练，产生思维碰撞，提升迁移、分类、概括、分析、归纳、批判、创新等思维品质。

二、教学重难点

1. 借助扫读、寻读、思维导图等手段明确文章的主题意义，获取相关信息。

2. 理解文本句子间的逻辑关系，能够运用阅读技巧解读文本。

3. 就旅行经历的主题表达天气情况和活动。

三、教学环节

（一）读前活动

1. 导入

（1）展示预习成果。

展示学生的预习作业，点评指正。

（2）了解学习目标。

展示课件，了解学习目标。

（3）进入话题情境，导入新课。

The teacher asks about seasons, the weather and the temperature. Then show the functions.

设计意图：从熟悉的事物入手，拉近师生距离，激活学生的背景知识。同时激活学生已有知识，引起学生关注本话题的功能句。

2. 探究

（1）围绕话题情境，创设任务，扫清阅读障碍。

Show some pictures, ask students to make sentences according to the pictures.

（2）运用预习知识，完成任务，实现交流互动。

Finish the short passage with the correct forms of the words.

（3）探究语言形式，观察思考，总结使用规律。

Guide students to find out the changing rules of adjectives and adverbs.

设计意图：掌握构词法帮助学生更有效地记忆单词并扩大词汇量，并为描述天气做好准备。

3. 练习

（1）深入话题情境，运用语言规律，进行操练。

Complete the sentences and compare the differences between the present simple tense and the past simple tense.

（2）扩大话题范围，逐渐增加难度，反复操练。

Make more sentences according to the pictures.

设计意图：让学生在语境中对比、分析、概括、归纳两种时态差异。

（二）读中活动

（1）运用新知，学习理解文本。

Ask students to read the letter and complete it with the correct forms of the given verbs.

设计意图：让学生在语篇中比较两种时态并加深理解，从而正确使用时态，为之后的写作做好铺垫。

（2）小组合作，深入探究文本。

①Let students read the letter quickly and then answer three questions.

②Students find out the weather and different activities during that day.

设计意图：准确获取信息，了解主旨大意，进一步理解文本，提升阅读效果和技能。

（3）反复诵读，感知感悟文本。

Read the passage aloud and pay attention to pronunciation and intonation.

设计意图：让学生大声朗读，关注语音、语调及音群停顿。

（4）总结归纳，凝练运用文本。

Ask students to scan Paragraph 2 for the words of time and circle them in the letter.

设计意图：关注时间词和连词能帮助学生梳理行文脉络，引导学生在写作中借鉴、模仿。

（三）读后活动

1. 迁移

（1）围绕话题情境，迁移所学知识，通过小组合作等互动形式，解决真实生活问题，以达到灵活创新并学以致用的目的。

①Present another similar passage, let students read it quickly and take notes.

②Ask students to work in groups to tell about their travel experience. One student finishes it with at least one sentence. Then show it in class.

设计意图：进行扩展阅读，积累更丰富的语言材料和表达方式，培养学生学习能力与合作的精神。

（2）回顾梳理本节课所学知识及规律，分析相关知识的语用环境。

Get students to sum up what they have learned.

设计意图：引导学生总结，让学生自由发言，培养学生自主学习、自主总结的良好习惯。

2. 检测（10分钟）

（1）进行限时检测。

Write a letter to your friend.

（2）核对答案，得出分数。

（3）小组讨论，解决错题。

（4）统计各分数段人数。

设计意图：以读促写，通过语言实践活动帮助学生内化语言，最终使学生学以致用。

四、课后作业

（1）Read the letter.

（2）Write a short passage about your own friend's travel experience.

设计意图：课后作业有助于学生巩固所学的知识，提高学生运用知识的能力。

五、板书设计

Topic 1 What's the weather like in summer?

Section D

1. What's the weather like today?	sunny	change a lot
What was the weather like yesterday?	cloudy	take a walk
2. What day is it today?	rainy	see sb. doing sth.
What day was it yesterday?	snowy	perform Beijing Opera
3. I hope all is well with you.	foggy	have a short rest

附： 教学三单

预习单

一、预习 Grammar and Functions 完成下列任务。

1. 按要求写出单词。

（1）cloud（形容词）_____

（2）fog（形容词）_____

（3）windy（名词）_____

（4）sunny（名词）_____

（5）suddenly（形容词）_____

（6）heavy（副词）_____

2. 写出下列功能句。

询问天气怎么样。_____

询问温度是多少。_____

询问近况。_____

询问春、夏、秋、冬最喜欢哪个季节。_____

二、阅读88页2a，翻译短语或句子。

1. 变化很大＿＿＿＿＿＿＿＿＿＿＿＿＿＿＿＿＿＿＿＿＿＿

2. 上周六＿＿＿＿＿＿＿＿＿＿＿＿＿＿＿＿＿＿＿＿＿＿＿＿

3. 散步＿＿＿＿＿＿＿＿＿＿＿＿＿＿＿＿＿＿＿＿＿＿＿＿＿

4. 短暂休息＿＿＿＿＿＿＿＿＿＿＿＿＿＿＿＿＿＿＿＿＿＿＿

5. 稍后＿＿＿＿＿＿＿＿＿＿＿＿＿＿＿＿＿＿＿＿＿＿＿＿＿

6. 立刻＿＿＿＿＿＿＿＿＿＿＿＿＿＿＿＿＿＿＿＿＿＿＿＿＿

7. 我希望你一切都好！＿＿＿＿＿＿＿＿＿＿＿＿＿＿＿＿＿＿

8. 我们玩得很高兴＿＿＿＿＿＿＿＿＿＿＿＿＿＿＿＿＿＿＿＿

导学单

1. Finish the passage with the correct forms of the words.

Yesterday was ＿＿＿＿＿＿ (sun). But today it is ＿＿＿＿＿＿ (wind) and ＿＿＿＿＿＿ (cloud). Look! There are lots of ＿＿＿＿＿＿ (cloud) in the sky. The wind blows ＿＿＿＿＿＿ (strong). ＿＿＿＿＿＿ (sudden), it begins to ＿＿＿＿＿＿ (rain), then it rains ＿＿＿＿＿＿ (heavy). It is really a ＿＿＿＿＿＿ (heavy) rain. Later on, the weather gets fine and the sun shines ＿＿＿＿＿＿ (bright).

2. Complete the sentences.

(1) He often ＿＿＿＿＿＿ a kite on Sundays.

(2) He ＿＿＿＿＿＿ a kite yesterday.

(3) They usually ＿＿＿＿＿＿ a snowman on snowy days.

(4) They ＿＿＿＿＿＿ a snowman last week.

(5) He sometimes ＿＿＿＿＿＿ basketball after school.

(6) He ＿＿＿＿＿＿ basketball just now.

3. Answer the questions.

(1) How is the weather in summer?

＿＿＿＿＿＿＿＿＿＿＿＿＿＿＿＿＿＿＿＿＿＿＿＿＿＿＿＿＿＿＿＿

(2) When did Michael and his friends go to Beihai Park?

＿＿＿＿＿＿＿＿＿＿＿＿＿＿＿＿＿＿＿＿＿＿＿＿＿＿＿＿＿＿＿＿

（3）Did they have fun?

_____

4. Find out the words about time in Para graph 2.

It is important to use the _____ order when you write about an experience.

限时检测单

（限时 7 分钟，共 20 分）

Write a passage about your traveling experience in English.

Dear _____,

_____

_____

_____

_____

_____

                                                    Yours,

                                              _____

初中英语写作课模式

教学模式

一、写前活动

（一）导入

1. 展示预习成果。

2. 了解学习目标。

3. 用短视频、音频或小游戏导入写作主题。

（二）探究

1. 依托阅读文本，聚焦主题，积累词句。

2. 创设不同任务，探究写作方法，做好写作铺垫。

二、写中活动

1. 讨论题目要求，明确内容，确定所用的词汇、句型等。

2. 讨论写作提纲，确定写作的时态、人称等关键信息。

3. 布局谋篇。

4. 修改润色。

5. 规范地誊写文章。

三、写后活动

（一）迁移

1. 展示评分标准，小组互评，取长补短，生成团队最佳作品。

2. 回顾梳理本节课所学知识及规律，掌握科学的写作方法。

（二）检测

1. 进行限时检测。

2. 核对答案，得出分数。

3. 小组讨论，解决错句。

4. 统计各分数段人数。

典型课例

仁爱版七年级下册 Unit 6 Topic 1 Section C 教学设计
设计人：马倩颖、罗爽　审核人：秦小萌

一、教学目标

语言能力：掌握并运用所学词汇描述地点，运用写作技巧完成相关写作。

学习能力：使用不同的学习策略，掌握相关写作技巧。

文化意识：了解在描述"家"这个话题时中西方文化的差异。

思维品质：用思维导图的形式进行总结。

二、教学重难点

掌握写作方法，即"审题—列提纲—布局谋篇—检查—誊写"，以及如何用这种方法来进行实际的写作。

三、教学环节

（一）写前活动

1. 导入

（1）展示预习成果。

（2）了解学习目标。

（3）用短视频、音频或小游戏导入写作的主题。

请同学们欣赏一段关于"My Home"的短视频，并回答问题"What's the video about?"，然后导入新课。

设计意图：以视频导入，增强课堂的趣味性。

2. 探究

（1）依托课本的阅读素材，感知文本知识。

展示课本中"My Home"的图片，然后让学生根据图上的位置关系，写出对应的方位介词短语。

设计意图：让学生真切感知方位介词短语的用法，并为接下来的文本阅读扫清障碍。

（2）创设不同的任务并让学生完成，同时，总结本课的写作顺序和写作提纲，为下一环节的写作练习做铺垫。

①Read fast for the writing order.

a. 空间顺序（从外到内）。

b. 时间顺序。

c. 事情发展的顺序。

②Read carefully for the outline.

③Read 1a carefully and fill in the blanks.

设计意图：通过设置三个练习，让学生依次了解文本写作顺序，提炼写作提纲并巩固方位介词短语和行文连贯等细节问题，为下一环节的写作练习做好铺垫。

（二）写中活动

请根据提示词，以 My Home 为题写一篇短文，要求语句通顺，词数 80 左右，开头已经给出（不计入总词数）。

第一步：审题。确定人称、时态、文体、要点。

第二步：列提纲。根据题目所给信息，列出提纲，确定开头、主体段和结尾。

第三步：布局谋篇。找到合适的衔接词，将列出的提纲串联起来。

第四步：检查。写完后检查词汇拼写、标点符号、大小写、人称、时态等是否正确，文章是否完整，并尝试添加优美词句润色文章。

第五步：誊写。誊写时要注意格式正确，书写整洁、干净、美观。

设计意图：通过设置写作练习，指导学生运用"审题—列提纲—布局谋篇—检查—誊写"的方法，让学生在以后的写作中有规可依。

（三）写后活动

1. 迁移

（1）列出书面表达的评分标准，让学生明确评分标准，并通过小组合作互评的形式反思写作得失并学会有效修改作文。

设计意图：设置这个环节让学生熟知评分标准，明确写作方向。同时通过同桌互评，培养学生的合作探究精神。

（2）回顾本课所学知识，画出思维导图，再现"写作五步法"。

设计意图：借助思维导图简化思维并牢记写作方法。

2. 检测

使用课堂检测单，进行限时测试。

要求学生根据提示词，展开想象，以"My Dream Home"为题写一篇书面表达，词数 80 左右。

设计意图：通过限时写作训练检测教学效果。

四、课后作业

1. 必做

（1）Summarize what you have learnt in this class.

（2）Write a passage about your aunt's home.

2. 选做

Draw a picture about your own home and try to describe your home with other students next class.

设计意图：通过设置分层作业，实现培优补差，让学生找到自信。

五、板书设计

Unit 6 Topic 1 Section C

一、New words and phrases yard，flower house，large， in the center of， on the left of	二、写作步骤 审题→列提纲→布局谋篇 ↓ 誊写←检查

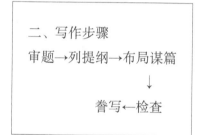

附： 教学三单

预习单

一、预习 1a，并试着回答下面的问题。

1. How many rooms are there in the picture?

_____

2. What are the rooms?

_____

二、认真预习 1a, 2a, 并试着写出以下短语。

1. 在……（外部的）前面_____

2. 在……（内部的）前面_____

3. 在……中央_____

4. 在……左/右边_____

5. 在……后面（内部）_____

6. 在……近旁，紧邻_____

三、预习后，思考以下问题。

1. 如果你想表达"一些鸟在树上唱歌"，该怎样表达？

2. 如果你想表达"院子的左边有一个厨房和餐厅"，该怎样表达？

导学单

一、看视频，回答问题。

What's the video about?

二、选出 1a 的写作顺序。

A. 空间顺序（从外到内）

B. 时间顺序

C. 事情发展的顺序

三、试着把下面的写作提纲补充完整。

1. This is _____.

2. In the _____ of the yard, there is a small garden.

At the _____ of the yard, there is a nice house.

Near _____ , there is an apple tree.

On the _____ of the yard, there is a kitchen and a dining room.

3. I _____ my home very much.

四、认真阅读1a，然后填空。

This is my home. There is a small garden _____. And there are many beautiful flowers _____. But there aren't any trees.

_____, there is a nice house. There are three bedrooms, a large living room and a study in it. I love playing _____ on the computer _____.

_____, there is an apple tree. Some birds are singing _____. _____, there is a kitchen and a dining room. Our bathroom is _____. Can you see a red car next to the bathroom? That's my father's.

Now I'm helping my father clean the study. My mother is cooking _____.

I love my home very much.

五、写作练习。

请根据提示词，以"My Friend's Home"为题写一篇短文，要求语句通顺，词数80左右，开头已经给出（不计入总词数）。

提示词：in front of, next to, on the ..., floor, on the left of, on the right of, in the center of, there be...

My Friend's Home

This is my friend's home. Her name is Sally. _____

_____

_____

_____

_____

限时检测单

（限时7分钟，共20分）

请根据提示词，展开想象，以"My Dream Home"为题写一篇书面表达，要求语句通顺，词数80左右，开头已经给出（不计入总词数）。内容包括：房子很大很漂亮，房子前面有漂亮的花园，三层楼，第一层楼有两个卧室，一个客厅和一个浴室，一个餐厅。第二层楼有两个书房，两个卧室。第三层楼有一个书房，两个卧室，一个浴室。房子左边有一个公园，右边有一条河，后面有一座山。

提示词：large, beautiful, in front of, on the..., floor, there be, on the left/ right of, behind.

My Dream Home

This is my dream home.

_____

_____

_____

初中物理"学本课堂"模式

教学模式

一、明确素养目标

展示学习目标，使学生明确学习目标和学习方向，在以后的各环节中围绕目标进行探索。

二、检查预习效果

课前学生已经依据预习单所提问题预习教材内容，对基础知识点进行圈点勾画；学生对基础知识进行初步检测，实现基础知识的自主学习。课上学生自主核对预习检测答案，汇总疑难问题，预备在导学部分进一步探究。

三、课堂导学新知学习

（一）创设情境，导入新课

用生活中的物理现象，创设教学情境，激发学生求知兴趣。

（二）合作交流，探索新知

小组通过导学单中设置的问题合作探索新知，解决一般问题，提出共性问题。

（三）评价归纳提升

知识盘点精梳理，多元评价促提升。

四、限时检测（10分钟）

学生在5~7分钟内答题，在1~2分钟内完成互改，剩余时间教师讲评难题，反馈成绩，强化学习效果。

📑 **典型课例**

"第五章第2节　生活中的透镜"教学设计

主备人：张亚芳　辅备人：冷丽

一、教材分析

本章主要内容是透镜的基础知识和透镜在日常生活中的应用，是初中物理光学知识重要的组成部分，需要学生掌握光学元件的应用。整章内容安排非常符合新课标"从生活走向物理，从物理走向社会"的基本理念。

《生活中的透镜》这节安排在第2节，是在学生学习了透镜的基础知识及其对光的作用基础上，进一步让学生对透镜成像的知识有感性的认识。这样的安排顺序能使学生具体、生动地认识透镜的成像特点及其在生活中的应用，能引起学生对凸透镜成像规律的求知欲，有利于下节课开展探究凸透镜成像规律的活动，起到了承前启后的作用，同时能调动学生的求知欲和学习积极性。

二、学情分析

课前学生已经学习了透镜的基础知识，但对于透镜在现实生活中的应用还不是很清楚，因此本节课列举照相机、投影仪、放大镜等现实生活中常见的实例，贴近学生生活，关注学习生长点，以具体事实、生活经验和基本概念等引导学生进行科学思维，遵循初中学生身心发展规律，逐步培养学生的思维和探究能力。

三、素养目标

1. 说出透镜在日常生活中的应用。（物理观念）

2. 经历制作简易模型照相机的过程，初步了解照相机的成像原理。（科学思维、科学探究）

3. 初步区分照相机、投影仪和放大镜成像特点。（重点）（物理观念）

4. 简单描述凸透镜成实像和虚像的主要特征。（重点）（物理观念）

5. 通过学习生活中的透镜，在认识科学本质的基础上，初步形成探索科学规律的内在动力，并逐步形成将科学技术应用于实际生活的意识。（科学态度与责任）

四、教法和学法

以教师引导，学生自主学习探究和实验为主的启发式教学方法，培养学生的自学能力、探索能力以及运用物理知识解决实际问题的能力和抽象思维能力。亲身经历以探究学习为主的活动是学生学习科学的主要途径，让学生在与他人合作学习和探究活动中主动分享自己的想法，学习他人的智慧，体验合作学习的愉快。

五、课前准备

实物照相机，制作模型照相机所需要的凸透镜、卡纸、胶带等物品。

六、教学过程

（一）明确素养目标

设计目的：依据核心素养内涵及学生身心发展特点，明确课程核心素养目标，体现物理课程独特的育人价值。

（二）检查预习效果

设计意图：使学生进行思维初步建构，并发现存在的疑问，贯彻"先学后教"理念。

（三）小组合作学习

环节一：创设情境，导入新课

节假日，家人团聚或外出旅游，总要留影作为纪念。我们用照相机拍出美丽的风光、动人的场景，从照片中感到美的享受和启迪，这就需要我们会使用照相机。照相机的主要结构有哪些？它又是如何工作的呢？

设计意图：这样的情境化设置充分结合了学生的生活经验，引导学生的经验常识向物理观念转变，体现了"从生活走向物理"的课程理念。

环节二：合作交流，探索新知

知识点一：照相机

见附件导学单。

设计意图：学生经历了实验，展示了实验的成果，对物体在距离凸透镜较远时可以成倒立缩小的像有了更加直观、深刻的印象，同时培养了学生的实验动手能力和问题解决能力。

知识点二：投影仪

见附件导学单。

设计意图：通过演示，让学生对物体在距离凸透镜较近时可以成倒立放大的像有了更加深刻的认识。

知识点三：放大镜

见附件导学单。

设计意图：经过实验与交流，使学生更加清楚了使用放大镜观察物体时的操作要领和注意事项，即一定要把物体放在一倍焦距以内，才能成正立放大的像，最大限度拓展学生的活动空间和表现空间。

知识点四：实像和虚像

见附件导学单。

设计意图：学生常常把小孔成像、平面镜成像和凸透镜成像所成像的性质混淆，这里结合第四章的知识，设计一个判断像的实虚的即时训练，使学生明白实像和虚像的区别。

环节三：评价归纳提升

总结归纳三类光学器件成像的异同，抽象出物理模型。

设计意图：学生经历了以上知识点的学习活动之后，获得了具体、生动的感性认识，教师应及时作出评价。为学生能够在下一节课的学习中比较顺利地通过实验得出凸透镜成像的规律，提出探究问题埋下伏笔。

（四）限时检测（10分钟）

7分钟答题，2分钟自评，最后1分钟教师点评。

设计意图：限时检测单的设置针对教学目标提供"量规"，有利于检测教与学的质量，提升评价质量，促进"教—学—评"的一致性，最终实现素养目标。

【点评】

新课程理念倡导"课堂是属于学生的"，为体现学生的主体地位，本节课以自学探究为载体和主线，通过创设教学情境，导入学习目标，引导学生课堂自主学习探究、难点突破、课堂小结与学习评价等，以达成"以活动促发展"的目标。

附：教学三单

预习单

一、预习思考（圈点勾画，加批注）

1. 阅读课本第94页"照相机"，观察图5.2-1甲、乙，思考以下问题：

（1）照相机的镜头是由什么组成的？照相机成像的原理、特点是什么？

（2）现在的数码相机与早期的胶片相机记录物体的像的原理有何不同？

2. 阅读课本第95页"投影仪"，观察图5.2-3，找出投影仪的成像原理、特点。

3. 阅读课本第95页"放大镜"，找出放大镜的使用方法及成像特点。

4. 阅读课本第96页"实像和虚像"，观察图5.2-6、图5.2-7，思考以下问题：

（1）什么叫实像？

（2）比较照相机、投影仪所成的像与用放大镜所看的像有何不同。

二、预习检测

1.（1）照相机的镜头相当于一个_____镜，来自物体的光经过照相机镜头后会出现在胶片上。照相时，物体离镜头比较远，得到_____、_____的_____像。

（2）胶片相机拍照时，物体的像被记录在_____上。数码相机使用一种电荷耦合器，把光信号转换成电信号，从而记录物体的像。无论胶片相机还是数码相机，它们的成像都离不开_____。

2. 投影仪上有一个相当于_____的镜头，投影片上的图案通过这个镜头形成一个_____、_____的_____像。现在会议室、教室用的投影仪，通常与计算机相连，计算机上的字或图通过投影仪被_____，原理和投影仪类似。

3. 放大镜就是一个_____，使用放大镜时，把放大镜放在_____和_____之间，适当调整距离，可以看到_____、_____的_____像。

4.（1）照相机和投影仪所成的像是光通过凸透镜射出后_____而成的，感光板能够记录下所成的像，这种像叫做_____。

（2）照相机、投影仪所成的实像来自_____，它和物体分别位于凸透镜的_____；放大镜所成的虚像通过凸透镜出射的光没有会聚，只是人眼_____，感到光是从虚像的位置发出的，物体和像位于凸透镜的_____。

三、存在疑惑

略。

导学单

一、情境导入

节假日，家人团聚或外出旅游，总要留影纪念。我们用照相机拍出美丽的风光、动人的场景，从照片中感受到美和启迪。这就需要我们会使用照相机，而且现在越来越多的家庭都有了单反相机、数码摄像机等摄影用具。

照相机的主要结构是什么？这些结构是如何工作的？这节课我们就从最基础款的照相机开始学习。

二、探索新知

知识点一：照相机

任务驱动一：小组合作，研究模型照相机的结构和成像特点

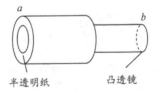

半透明纸　　　　凸透镜

1. 思考以下几个问题：

（1）烛焰相当于什么？

（2）凸透镜（凸透镜 $f = 10$cm）相当于什么？

（3）半透明纸（光屏）相当于什么？

（4）滑动纸筒，改变纸筒的长度，实际上是在改变什么？

2. 点燃蜡烛，研究模型照相机的成像原理。

（1）调节镜头，当半透明纸上出现烛焰清晰的像时，观察像的倒正、大小。

（2）为了能够呈现清晰的像，应让镜头距离物体的位置较远还是较近？

（3）为了使半透明纸上的像大一些，镜头应该距离烛焰近一些还是远一些？此时应该让纸筒的长度变长还是变短？镜头应该前伸还是后缩？

（4）为了保证成像清晰，这个实验在什么样的环境下做比较好？

3. 了解早期的胶片照相机和现在的数码照相机，比较它们的异同。

知识点二：投影仪

演示：把自制投影片放到模型投影仪（凸透镜 $f = 10\text{cm}$）的载物台上，调节镜头，观察并思考：

1. 当天花板上出现投影片上图案清晰的像时，观察像的大小、倒正。

2. 此时纸筒的长度相当于什么？（物距？像距？焦距？）

3. 为了能够呈现清晰的像，应该让镜头距离投影片的位置较远还是较近？

4. 观察此时物距的远近，思考投影仪和照相机在成像时物距有什么不同？

5. 为了能使人们看到正立的像，投影片应该如何放置？

知识点三：放大镜

任务驱动二：小组合作，研究放大镜的成像特点

用课桌上的凸透镜（凸透镜 $f = 10\text{cm}$）看书上的字，说出看到的字的情况：

1. 字是放大还是缩小的？字是正立的还是倒立的？透过凸透镜看到的字是实像还是虚像？

2. 在用凸透镜观察书上的字时，凸透镜和字的距离是较近还是较远？这个距离在 10cm 以内还是以外？

3. 保持眼睛和书的距离不变，凸透镜在距离字 10cm 以内，让凸透镜逐渐靠近字的时候，看到的像是变大了还是变小了？

知识点四：实像和虚像

1. 结合本课中所学"照相机成像""投影仪成像""放大镜成像"，对比分析凸透镜成像情况，完成下表。

仪器	像的性质			像和物在透镜的同侧或异侧
	倒正	大小	虚实	
照相机				
投影仪				
放大镜				

2. 对比以下两幅图片，判断像的虚实。（判断像虚实的标准：①是否由实际光线汇聚而成；②能否用光屏承接）

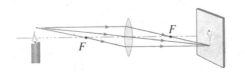 

3. 判断以下元件所成像的虚实。

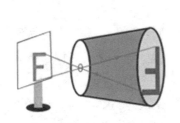

①小孔成像

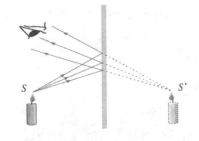

②平面镜成像

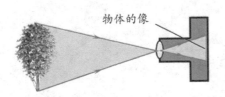

③照相机成像

④放大镜成像

⑤投影仪成像

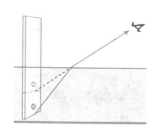

⑥池底"变浅"

实像：

虚像：

限时检测单

（限时 7 分钟，共 65 分）

注意：选择题每题 4 分，填空题每空 3 分，共计 65 分。

一、基础题——初显身手

1. 照相机镜头相当于一个_____，来自物体的光经过镜头后会聚在胶卷上，形成一个_____（选填"放大"或"缩小"）的像。实际拍摄时，为使远近物体都能成清晰的像，应调节照相机的_____到胶片的距离。

2. 如图所示，常用体温计的刻度部分为三棱体，其正面呈现弧形，这样就可以看清体温计内极细的水银柱，以便于读数，这是因为圆弧形玻璃的作用相当于_____，使我们能看到水银柱放大后的_____的_____像。

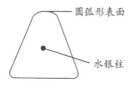

3. 下列不属于透镜在日常生活中应用的是（　　）。

A. 照相机　　　　　　　　　B. 放大镜

C. 投影仪　　　　　　　　　D. 潜望镜

4. 物体 AB 通过凸透镜所成的像如图所示，利用这一成像规律制造的光学仪器是（　　　）。

A. 照相机   B. 放大镜

C. 幻灯机   D. 潜望镜

5. 下图所示是照相机的成像示意图，以下说法中正确的是（　　　）。

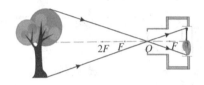

A. 照相机使用的是凸透镜

B. 照相机使用的是凹透镜

C. 所成的像是正立、缩小的实像

D. 所成的像是倒立、缩小的虚像

6. 如图所示，关于投影仪下面说法中正确的是（　　　）。

A. 投影仪的镜头相当于一个凸透镜

B. 镜头的作用是发出光，照亮投影片

C. 投影片相当于屏幕

D. 在屏幕上可以观察到胶片图案的虚像

7. 现在的教室作为标准化考场时，都会安装下图所示的电子监控器，其主要由光学系统和光电转换系统两部分组成。光学系统收集监控区域内的景物信息，并将这些信息经光电转换系统转换成电信号并输送到监控中心。其中光学系统的工作原理是利用（　　　）。

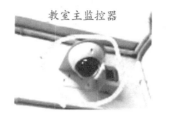

教室主监控器

A. 平面镜成实像

B. 平面镜成虚像

C. 凸透镜成实像

D. 凸透镜成虚像

二、能力题——挑战自我

1. 根据工作原理，投影仪的镜头相当于一个_____镜。为了使观众看到正立的像，投影片要_____（选填"顺着"或"倒着"）插到架上。用强光照射幻灯片，投影片上的画面在屏幕上形成_____（选填"实"或"虚"）像。

2. 像的成因有三个，即光的直线传播成像、光的反射成像和光的折射成像，所成的像有实像和虚像两种，下面是所列的成像实例：①针孔照相机内所成的像（小孔成像）；②在潜望镜中看到的景物的像；③在放大镜中看到物体的像；④投影仪屏幕上看到的像；⑤汽车后视镜中的像。

对这些成像实例，所成的像属于实像的是_____。（填写序号）

三、拓展题——勇攀高峰

1. 电影放映机的放映原理与投影仪大体相似，是利用凸透镜成_____、_____的实像的原理制成的，只是它放映的不是单张投影片，而是连续的电影胶片，这样在屏幕上就出现了活动的画面。

2. 如图所示，在使用投影仪时，天花板上的像到镜头的距离_____（选填"大于"或"小于"）投影片到镜头的距离。要使天花板上的像变得更大些，应该使凸透镜_____投影片，同时投影仪_____天花板。（后两空均选填"靠近"或"远离"）

屏幕
像
镜头
投影片

初中道德与法治"学本课堂"模式

教学模式

一、导入新课

以观看视频、图片，播放歌曲，做小游戏，复习等方式导入新课，提出问题，激发学生求知欲。

二、展示目标

根据新课标要求，结合核心素养和教学内容，制定符合学生认知规律的学习目标，并解读重难点，引起学生重视。

三、自主预习

要求学生依据预习单所提问题，通读教材内容，标画主要知识点。汇总学生的疑难问题，预备在导学部分进一步探究。

四、课堂导学

依据汇总的疑难问题，设置情境，提出话题，引导学生进行自主探究、小组合作探究，通过自由发言、小组代表展示、教师点拨等生生合作、师生合作方式，深度学习，突破疑难点。

五、绘制思维导图

整理本节内容，绘制思维导图，强化知识记忆。

六、限时检测

5~7分钟答题，3~5分钟点评，答疑解惑，最后反馈成绩，掌握学生学习效果。

 典型课例

七年级下册第十课"法律伴我们成长"第二框 "我们与法律同行"教学设计

主备人：史晓燕　审核人：李亚敏

一、教学目标

法治观念：通过活动一"角色扮演"和活动二"案件直击"，让学生在活动体验中感悟依法办事的原因及怎样依法办事，培养学生的法治观念，引导学生树立法治意识，养成遵法、学法、守法、用法的习惯。

政治认同：通过活动三"宪法宣誓"，引导学生理解树立法治意识的重要性，认同习近平法治思想，以及理解树立法治意识对推动全面实施依法治国和建设社会主义法治国家的重要意义。

责任意识：通过活动四"法律规定我遵守"和活动五"我为法治中国建设做贡献"探究如何更好地遵守法律，引导学生认识到法律保障功能的实现靠每个人对法律的尊崇和遵守，要成为法治中国建设的参与者和推动者，将法治意识内化于心，外化于行，落实到具体行动中。

二、教学重难点

重点：学会依法办事。

难点：树立法治意识。

三、教学过程

（一）导入新课

播放视频《法治中国》片段导入新课。

导入语：法律和公民息息相关，社会生活和公民不能离开法律，公民只有做到自觉守法，才能有效地保护自己的合法权益，维护社会的安定与和谐。今天我们学习第十课第二框"我们与法律同行"。

（二）出示学习目标及重难点

略。

（三）讲授新课

1. 自主预习（见课件）

学生通读教材第 101～103 页，初步感知本节内容，在相应位置标记重点问题。

2. 活动一：角色扮演（见课件）

学生小组合作分角色扮演并展示，教师点评总结，出示要点。

设计意图：以小组为单位，选一人扮演晓程，其他成员倾听并谈看法，通过角色扮演活动，让学生在体验中感悟依法办事的原因及怎样依法办事，培养学生的法治观念。

3. 活动二：案件直击（见课件）

同桌之间相互讨论，代表发言展示，教师点评总结，出示要点。

设计意图：学生通过"案件直击"谈感悟，通过相互讨论，树立法治意识，知道要养成遵法、学法、守法、用法的习惯。

4. 小结一：学会依法办事（见课件）

（1）依法办事，就要遵守各种法律法规。

（2）依法办事，就要养成遵法、学法、守法、用法的习惯。

（规范展示，强化知识要点，为听课学习打下基础）

过渡语：法律保障我们的幸福生活，法律保障功能的实现靠每个人对法律的尊崇和遵守。正如法国思想家卢梭给我们的警示：当法律真正铭刻在我们的内心时，才会充分体现其自身的价值，发挥其应有的功能。

5. 法治意识的内涵及拓展有关内容（见课件）

以教师讲授为主，在讲授法治意识内涵的基础上，拓展法治意识的内容，要求学生将法治意识内化于心。

6. 活动三：宪法宣誓活动（见课件）

学生观看视频，开展小组合作探究，代表发言展示，教师点评总结，出示要点。

设计意图：通过让学生观看国家领导人宪法宣誓活动视频，涤荡其内心，引发其共鸣；让学生通过小组合作进行问题探究，充分发挥学生主体作用，引导学生在探讨中懂得国家公职人员带头尊崇法律、遵守和服从法律有助于带动全社会树立法治意识，对于推进全面依法治国、建设社会主义法治国家具有重要意义。

7. 活动四：法律规定我遵守（见课件）

同桌之间相互讨论，代表发言展示，教师点评总结，出示要点。

设计意图：通过对标四条法律条文，引导学生审查自我，并探究如何更好地遵守法律，启迪学生不仅要将法治意识内化于心，更要将法治意识外化于行。

8. 小结二：树立法治意识

（1）法治意识的内涵。法治意识是人们对法律发自内心地认可、崇尚、遵守和服从。

（2）树立法治意识的意义。树立法治意识对于推进全面依法治国、建设社会主义法治国家具有重要意义。

（3）青少年怎样做？

①树立法治意识是青少年健康成长的基本要求。

②青少年不仅是法治中国建设的受益者，更应该成为参与者和推动者。

（规范展示，强化知识要点，为听课学习打下基础）

过渡语：树立法治意识，我们不仅要铭记于心，更要外化于行，落实到具体行动中，为法治中国建设做贡献。下面请同学们从学法、守法、依法维权方面谈谈你们的打算。

9. 活动五：我为法治中国建设做贡献（见课件）

开展小组合作探究，代表发言展示，教师一一点评，并出示要点。

总结语：推进法治中国建设是每个人的责任和义务。我们是祖国未来的建设者，要认真学法、自觉守法、遇事找法、解决问题靠法，努力为法治中国建设贡献自己的力量！

（四）课堂小结

通过这节课的学习，我们知道了要学会依法办事，遵守法律法规，养成依法办事的习惯；还要树立法治意识，不仅了解法治意识的内涵，懂得树立法治意识的意义，还明确我们青少年该如何为法治中国建设做贡献。我们今后要遵法学法懂法守法，做一个遵纪守法的小公民。

四、板书设计

$$
\text{我们与法律同行}\begin{cases}\text{学会依法办事}\begin{cases}\text{原因}\\\text{做法}\end{cases}\\\text{树立法治意识}\begin{cases}\text{内涵}\\\text{意义}\\\text{青少年如何做}\end{cases}\end{cases}
$$

五、限时检测

学生7分钟答题，1分钟对答案红笔互改，教师2分钟点评疑难易错点，小组反馈成绩，便于教师掌握学生学习效果。

【点评】本节课根据学生的认知规律，将两个内容进行了调整，先进行了与学生生活比较贴近的依法办事部分内容的学习，选用学生身边的故事和大学生的案件作为材料进行问题探究，然后引用法国思想家卢梭的名言警示，自然过渡到树立法治意识部分，选用国家领导人宪法宣誓活动和法律条文等，引导学生关注法治中国建设，最后又落脚到青少年自身该如何将法治意识内化于心，外化于行，落实到具体行动中。前后设计五个活动，环环相扣，逐步深入，通过角色扮演、案件直击、相互讨论、合作探究、发言展示等形式，留给学生足够的时间进行思考、讨论和交流，并充分展示，使学生参与积极性高，在体验中悟法，在感悟中明法，在探究中学法用法，从而培养学生对法律的情感，使学生初步构建起法律常识，明确依法办事的要求，认识到树立法治意识的重要性，以及懂得如何为法治中国建设做贡献。总的来说，本节课能够按照设计的思路顺利完成，又能启发学生生成自己的思考，基本达成了教学目标，能够落实法治观念、政治认同和责任意识的核心素养。

附： 教学三单

预习单

一、自主预习

通读教材第101～103页，初步感知本节内容，在相应位置标记以下内容。

1. 树立法治意识的意义。

2. 法治意识的内涵。

3. 建设法治中国, 青少年该怎么做?

4. 依法办事的要求是什么?

二、疑难问题汇总

略。

导学单

活动一: 探究与分享

中学生晓程在放学路上被两名男生堵截。他们恶狠狠地向晓程要钱, 晓程说没钱。一名男生对另一名男生说:"给我找块砖, 看他说不说实话。"接着, 他们又威胁晓程:"到底有没有钱? 快掏出来!"随后他们开始搜晓程的口袋, 掏出所有的钱, 并警告说:"你要是告诉别人, 小心点儿!"

最终晓程在父母的支持和陪同下, 找到警察, 勇敢地拿起法律武器来维护自己的合法权益, 堵截晓程的两名男生也受到了警察的警告和严重处罚。

1. 如果你是晓程, 会怎样做? 为什么?

角色扮演要求: 以小组为单位, 选出一人扮演晓程, 其他成员倾听并谈谈看法。

2. 从这个故事中, 你们学到了什么?

活动二: 案件直击

偷书 1500 本, 不知道是犯罪

重庆某大学学生刘某三年偷书 1500 多本, 价值 3 万多元, 被以盗窃罪判处 3 年有期徒刑。在渝中区法院审判时, 刘某称以为偷书是不良行为, 不是犯罪。

从这个案件中, 你们悟到了什么?

活动三：宪法宣誓活动

观看视频，思考：国家工作人员在就职时公开进行宪法宣誓的意义是什么？

活动四：法律规定我遵守

阅读课本第102页"探究与分享"的四条法律条款，以上这些法律规定，你自觉遵守了吗？怎样才能更好地遵守？

活动五：我为法治中国建设做贡献

在学习法律方面，我打算：＿＿＿＿＿＿＿＿＿＿＿＿＿＿＿＿＿＿＿＿

在遵守法律方面，我打算：＿＿＿＿＿＿＿＿＿＿＿＿＿＿＿＿＿＿＿＿

在依法维权方面，我打算：＿＿＿＿＿＿＿＿＿＿＿＿＿＿＿＿＿＿＿＿

静思整理

我的收获：

我的困惑：

绘制本框题思维导图：

限时检测单

（限时 7 分钟，共 14 分）

一、单选题（下列每小题的四个选项中，只有一项是最符合题意的，请将所选字母填入题后括号，每题 2 分，共 8 分）

1. 最高人民检察院和公安部联合召开新闻发布会，强调对于涉嫌犯罪但未达刑事责任年龄的未成年人，决不能"一放了之"，必须依法予以惩戒和矫治。这告诫未成年人应（　　　）。

①树立维权意识；②打击违法活动；③远离违法犯罪；④增强法治观念。

A. ①②   B. ①③

C. ②④   D. ③④

2. 第十三届全国人大常委会第二十四次会议表决通过刑法修正案（十一），对低龄未成年人刑事责任范围进行了重大修改，规定已满十二周岁不满十四周岁的人，犯故意杀人、故意伤害罪，致人死亡或者以特别残忍手段致人重伤造成严重残疾，情节恶劣，经最高人民检察院核准追诉的，应当负刑事责任。降低刑事责任年龄（   ）。

A. 可以全方位地展开对未成年人的特殊保护

B. 削弱了对未成年人的特殊关爱和保护力度

C. 可以从根本上杜绝未成年人违法犯罪行为

D. 在一定程度上可以指引未成年人遵守法律

3. 中学生小阳在公交车上看见两个扒手在偷乘客的手机。小阳没有直接喊抓小偷，而是假装肚子疼请求司机将他送往就近医院（附近有派出所），然后悄悄告诉司机实际情况。司机以送小阳去医院为由，直接将车开到了派出所。这表明小阳（   ）。

①机智勇敢，善于同违法行为做斗争；②缺乏同违法行为硬打硬拼的精神；③法治意识强，具有较强的责任感；④法治精神铭刻在心，自觉捍卫法律。

A. ①②③   B. ②③④

C. ①②④   D. ①③④

4. "爸爸总不在家，我有时连饭都吃不上，面对冰冷的家，我只有走出家门。爸爸看我不肯读书了，就不管我了。后来我就整天在外面东游西荡，认识了几个哥们儿。打架斗殴、逃课去网吧打游戏成为常事……"这则材料告诉我们（   ）。

①家长要切实履行家庭保护的职责；②青少年需要国家社会特殊保护关爱；③未成年人主要任务是学法，依法自律；④保护青少年健康成长是全社会的责任。

A. ①②③   B. ②③④

C. ①②④   D. ①③④

二、非选择题（共6分）

法律是治理国家的重器，它可以为我们的成长创造文明有序、和谐自由的空间。

党的十八届四中全会提出推进全面依法治国的总目标：建设中国特色社会主义法治体系，建设社会主义法治国家。

作为新时代的青少年，我们应怎样助力法治中国建设？

初中历史新授课模式

教学模式

　　随着经济全球化的不断深入，人才的培养面临着新的挑战——为谁培养人才、培养什么样的人才、怎样培养人才。这些挑战正是我国基础教育改革发展的方向，在此背景下，学本课堂应运而生。在传统教育模式下，初中历史教学不免落入课堂氛围沉闷、师生之间缺乏良性互动的困境。将"学本课堂"模式与初中历史教学结合，有助于激发学生的学习兴趣、培养学生的自主学习能力，有利于培养学生历史学科核心素养目标的达成。

一、"学本课堂"模式在初中历史教学中的基本应用程序

（一）导入、板书、示标（3分钟以内）

1. 步骤

（1）导入新课并板书课题。

（2）明确本节课的教学目标。

2. 注意事项

（1）制定目标要准确，如这节课要了解什么、理解什么、掌握什么、认识什么、会运用什么知识解决哪些问题等。

（2）交代目标时，语速要慢，让学生理解并能记住学习要求。

3. 目的

让学生总体上知道本节课的学习任务和目标要求。

（二）学生自学前的指导（1分钟左右）

1. 步骤

（1）布置自学任务。

（2）指导学生自学的方法。

（3）明确自学的要求。

2. 注意事项

（1）明确自学内容，让学生知道学什么。有的教材内容单一，安排一次自学；有的教材内容多，可视情况分几次自学。每一次自学前都要交代清楚从哪里学到哪里。

（2）教给学生自学的方法。例如，看书的是独立围绕思考题看书找答案，还是边看书，边与同桌讨论，边解决疑难问题。

（3）明确自学要求，即用多长时间，达到什么要求，如何检测等。

3. 目的

让学生知道在多长时间内自学什么、怎么自学、必须达到什么要求、怎样检测自学效果等。

（三）自学（10分钟左右）

1. 步骤

（1）学生自学。

（2）完成检测性练习。

2. 注意事项

（1）学生自学时，教师监督一定要认真，千万不能走过场。有的学生可能没有自学习惯，或不善于自学，或自觉性不高，教师不能放手不管。对自学认真的学生要给予表扬。这样，被表扬的会更认真，其他学生也会变得认真起来，学生自学的质量和效率就能不断提高。

（2）学生自学时，教师应到学生中去，仔细调查，调查的重点是中等生和后进生，了解他们自学中的困难，把学生自学中存在的问题收集起来，并整理归类，个别问题个别解决，典型问题在后教中重点讲评。

3. 目的

（1）让学生按照教师的指导，自己阅读、思考，自己解决所遇到的问题，对一时不能解决的问题提出质疑。教师通过让学生亲自动手、动眼、动口、动脑，品尝获得知识的愉悦，使学生成为学习的主体，锻炼学生的自学能力；通过质疑问难，培养学生发现问题的能力。

（2）通过口答、笔答、板演等形式，检查叙述自学的效果，充分暴露学生自学中存在的问题，并归类整理，确定教的内容、方式。

（四）后教（20 分钟左右）

1. 步骤

（1）交流，中上生评判、更正。

（2）教师点拨、补充、更正、归纳。

2. 注意事项

（1）教的内容应该是学生自学后还不能掌握的，即自学过程中暴露出来的主要疑难问题，对学生通过自学已掌握的一律不教。

（2）教师不能就题讲题，只找出答案，而是要找出规律，真正让学生知其所以然，并适当地渗透思想教育。

3. 目的

通过生生之间的讨论，通过教师点拨、归纳、补充、更正，学生所学知识进一步深化、条理化，为运用所学知识分析问题、解决问题做好准备。

（五）完成显示检测（10 分钟）

1. 步骤

（1）课堂小结。

（2）学生独立完成限时检测，教师巡视。

（3）指导学生明确答案，互阅课堂作业，及时反馈。

（4）学生订正错误，继续巩固。

2. 注意事项

通过巡视、互阅作业等不断获取信息，着重了解学生掌握的情况，采取必要的补救措施，确保人人达标。

3. 目的

使所学知识形成网络，同时当堂巩固和运用新知，培养学生解决问题的能力。

二、"学本课堂"模式下的初中历史教学理念

（一）初中历史教学应当立足于学生

初中历史教学应当充分体现以人为本的教育理念，发挥历史学科的教育功能，以培养和提高学生的历史核心素养为宗旨，引导学生正确考察人类历史的发展进程，逐步学会全面、客观地认识历史问题。教师可大胆尝试将课堂还给学生，让学生成为课堂的主体，通过教师的引导，完成学习任务。

（二）初中历史教学应当传授基本历史知识

初中历史教学应当以普及历史常识为基础，使学生掌握中外历史的基本知识，初步具备学习历史的基本方法和基本技能，促进学生的全面发展。课堂最基本的任务是准确传达史实，并对学生情况进行及时有效的反馈。

（三）初中历史教学应当传递正确价值观

初中阶段是学生三观初步建立的关键阶段，初中历史教学应当将正确的价值判断融入对历史的叙述和评判，使学生通过历史的学习，增强对祖国和人类的责任感，逐步确立为中国特色社会主义事业、人类的和平与发展做贡献的人生理想。教师在课堂教学过程中应通过典型事例和典型人物的讲述和塑造，培养学生正确的价值观。

（四）初中历史教学应当培养学生合作精神

初中历史教学应当鼓励自主、合作、探究式学习，倡导教师教学方式和教学评价方式的创新，使全体学生都得到发展。采用"学本课堂"模式，应让学生自主学习、合作学习、探究式学习成为常态，在师生之间、生生之间，营造平等、团结、合作、奋进的学习氛围，培养学生的合作精神。

典型课例

"第11课 元朝的统治"教学设计
设计人：朱志强 审核人：宋蓉洁

一、教学目标

1. 知道元朝辽阔的疆域范围；知道行省是元朝设立的地方最高行政机构，行省制度影响深远。

2. 通过识读元朝疆域图（1330年），学会结合地理信息掌握元朝采取的一系列治理措施。

3. 元朝在西藏、台湾设置行政机构，实行有效管辖，再次表明西藏、台湾地区自古以来就是中国领土神圣不可分割的一部分。

二、教学重难点

重点：元朝政府对西藏的有效管辖。

难点：行省制度的内容和影响。

三、导入

大蒙古国统一后，成吉思汗及其子孙发动了大规模的扩张战争。元朝的疆域十分辽阔，元朝统治者是如何对它进行治理的呢？元朝在行政制度方面又有什么新的建树和发展？今天我们一起学习第 11 课，探究这一问题。

四、教学内容

板块一：元朝的疆域

阅读下列材料，回答问题。

材料一　自封建变为郡县，有天下者，汉、隋、唐、宋为盛，然幅员之广，咸不逮元。

——《元史·地理志》

材料二　北逾阴山，西极流沙，东尽辽左，南越海表。

（1）材料一、二说明了元朝疆域的什么特点？

（2）小组讨论：与汉唐时期的疆域相比，元朝的疆域有什么拓展？

板块二：行省制度

阅读下列材料，回答问题。

材料一　"世祖即位……遂命刘秉忠、许衡酌古今之宜，定内外之官。其总政务者曰中书省，秉兵柄者曰枢密院，司黜陟者曰御史台。"

——《元史·百官志》

（1）结合材料一思考：元朝中央机构有哪些？各自分管什么事务？

材料二　元代行省分布图。（图略）

（2）小组合作：请同学们观察图片，找一找中书省，它相当于现在的哪些省区？10 个行省又包括哪些地方？

材料三　各行省的重大民政事务，必须呈报中书省；军政要务则需呈报枢密院。没有中书省、枢密院转发的诏旨，行省官员既不能更改赋税，也不得调动军队。

材料四　行省制的设立……宗教事务管理机构设置等大多为后代所承袭……

（3）小组讨论：根据上述材料三、材料四谈谈元朝行省制度的设立有何影响。

板块三：元朝对边疆地区的管辖

元统治者根据各地区的情况，采取因地制宜的方式，在东北、西北、东南、西南地区设置相应的管理机构，加强中央对这些地区的统治。

（1）小组合作：回顾元朝以前大陆与台湾交往的史实。回顾元朝以前汉藏两民族交往的史实。

（2）结合下面材料，小组讨论：元朝时是如何管理台湾和西藏的？

材料一　（澎湖）岛分三十有六，巨细相间……地隶泉州晋江县，至元间，立巡检司，以周岁额办盐课中统钱钞一十锭二十五两，别无科差。

——《夷岛志略》

材料二　元宣政院印

通过上述问题的探究，你得到的结论是什么？

结束语：统一全国，结束分裂局面，符合人民的愿望。元朝的统一初步确定了中国疆域的规模；设立行省制度和对边疆地区进行有效管辖，对后世影响深远，促进了民族融合。

五、板书设计

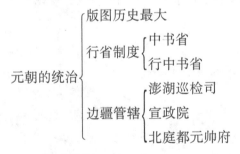

元朝的统治
- 版图历史最大
- 行省制度
  - 中书省
  - 行中书省
- 边疆管辖
  - 澎湖巡检司
  - 宣政院
  - 北庭都元帅府

六、限时检测

见附件限时检测单。

附： 教学三单

预习单

一、学习目标

1. 知道元朝辽阔的疆域范围，行省制度影响深远。

2. 通过识读元朝疆域图（1330年），学会结合地理信息掌握元朝采取的一系列治理措施。

3. 元朝在西藏、台湾设置行政机构，实行有效管辖，再次表明西藏、台湾地区自古以来就是中国领土神圣不可分割的一部分。

二、教学重难点

重点：元政府对西藏的有效管辖。

难点：行省制度的内容和影响。

三、预习要求

1. 通读课文。

2. 阅读第52页，找出元朝的地位、疆域范围和民族交融的表现。

3. 阅读第52页，找出元朝加强中央集权的措施，行省制度的目的、性质、实施的过程。

4. 阅读第53页，找出元朝对边疆地区的管辖的目的、特点、表现。

导学单

一、元朝的疆域和民族交融

1. 地位：元朝是我国历史上第一个由_____建立的全国性的统一王朝。

2. 疆域：元朝疆域超越汉朝和唐朝。今天的新疆、西藏、云南、东北广大地区、台湾及南海诸岛都在元朝的统治范围之内。元朝的版图是我国历史上_____的。

3. 民族交融：唐朝以来，不少来自波斯、阿拉伯的人，同汉、蒙古、畏兀儿等族长期杂居相处，互通婚姻，逐渐交融，开始形成一个新的民族——_____。元朝境内大规模的人口流动促进了各民族经济、文化的发展与交融。

二、中央官制及行省制度

1. 中央官制

（1）政治：由_____掌管全国的行政事务，下设吏、户、礼、兵、刑、工六部，分管各项政务。

（2）军事：设_____负责全国的军事事务，调度全国的军队。

（3）监察：设_____负责监察事务。

2. 行省制度

（1）元朝把山东、山西和河北称作"_____"，直属于中央的_____。

（2）其他地区，除吐蕃、畏兀儿外，设置了岭北、辽阳等10个行省。在行省之下，继承前代的制度，设置路、_____、州、_____。

三、元朝对边疆地区的管辖

1. 台湾：在澎湖岛设置了_____，负责管辖澎湖和_____（今台湾），这是历史上中央政府首次在地区正式建立的行政机构。

2. 西域：元朝还设置了_____等机构管理西域的军政事务，加强了对西域的管辖。

3. 西藏：元朝时设立宣慰使司都元帅府，由_____直接统辖，掌管西藏军民的各项事务。中央政府对_____正式行使行政管辖。

四、合作探究

1. 小组讨论：与汉唐时期的疆域相比，元朝的疆域有什么拓展？

2. 小组合作：回顾元朝以前大陆与台湾交往的史实，回顾元朝以前汉藏两民族交往的史实。

限时检测单

（限时7分钟，共50分）

注意：选择题每小题4分，共24分；综合题共26分。共计50分。42分以上为优秀，35分以上为合格，35分以下者重做。

1. 我国历史上第一个以少数民族贵族为主建立的全国性的统一王朝是（　　）。

A. 秦朝　　　　　B. 隋朝　　　　　C. 西夏　　　　　D. 元朝

2. 下列关于元朝疆域的说法不正确的是 (   )。

A. 疆域超越汉朝和唐朝

B. 台湾及南海诸岛都在元朝范围内

C. 南逾阴山，北越海表

D. 元朝的版图是我国历史上最大的

3. 我国省级行政区的设立，始于 (   )。

A. 尧舜时禅让制   B. 西周的分封制

C. 秦朝的郡县制   D. 元朝的行省制

4. 对西藏加强管辖，并使之成为正式行政区的是 (   )。

A. 汉朝政府   B. 唐朝政府

C. 宋朝政府   D. 元朝政府

5. 元朝时直属于中央中书省的有 (   )。

①山东；②山西；③河北；④河南。

A. ①②③   B. ①②④

C. ①③④   D. ②③④

6. 元朝设置澎湖巡检司，管理 (   )。

A. 澎湖和台湾   B. 澎湖和琉球

C. 琉球和广州   D. 澎湖和泉州

7. 阅读材料，回答下列问题。

材料一　北宋结束了五代十国的分裂局面。元朝统一全国……并设置机构直接管辖西藏。

————岳麓版《中国历史（七年级下册）》

材料二　秦朝疆域图、元朝疆域图。（图略）

请回答：

（1）据材料一和所学知识，指出北宋的建立者是谁，北宋统一后是如何加强对地方管理的。（10分）

（2）比较材料二中两图，指出图二疆域有何特点，为此元朝政府采取了哪些重大措施来加强管理。（10分）

（3）观察材料二中的图二并结合所学知识，指出元朝政府是如何加强对西藏和台湾的管辖的。（6分）

初中地理"学本课堂"新授课模式

教学模式

在核心素养导向下，本着"先学后教、能学不教、少教多学、以学定教"的新课改理念，地理组成员经历反复研讨和教学实践，逐步形成了地理学科较完善成熟的"学本课堂"新授课模式。以下是对该模式的阐述。

一、情境导入，明确目标

教师通过创设问题情境，激发学生浓厚的学习兴趣和强烈的求知欲望，从而提高课堂教学质量，同时引导学生切入主题；教师通过展示学习目标，让学生学有目标，听有方向，在教师的引导下真正成为学习的主人，充分发挥主体作用。

二、预习及检测，巩固基础

学生带着问题去预习，目标明确，任务具体。预习检测环节，教师会督促学生预习，让学生关注自己的预习情况，巩固加深对基础知识的理解与记忆，最终养成良好的学习习惯。

三、自主探究，发现问题

教师给学生提供新的知识或问题启示，激发全体学生强烈的学习兴趣，调动他们的积极性，发挥并提高每个学生的独立思考能力，让学生在积极探索中发现问题所在，并通过同学间的合作或教师讲解来解决问题，从而大大提高学习效率。

四、合作探究，解疑释难

本环节通过生生合作或师生合作来共同完成，既发挥了学生的主体作用，又发挥了教师的主导作用。合作学习的教学方法是对传统教学组织形式的一种突破和补充，也是新课改所倡导的学习方式，它使学生在教师指导下主动地富有个性地学习，实现了学习方式的多样化，并通过多种途径满足了学生多样化和个性化发展的需要，从而促进了学生全面和谐发展，成为学生成长的不竭动力。

五、核心归纳，构建导图

本环节强调在完成新授课之后从知识、方法、能力等方面认真总结反思，并构建知识树，让学生整体感悟自己本节课的收获，指导学生总结完善知识技能系统，搞清知识之间的脉络，最终升华提高。

六、限时检测，巩固提升

本环节让学生在5~7分钟内完成限时检测单的针对性训练，完成后教师在PPT上统一展示答案，小组成员间互改打分，小组长当堂统计反馈检测情况。教师针对学生存在的主要问题进行点评、点拨，或者进行变式训练，以达到固本强基的目的，从而提高课堂教学效率。

典型课例

"第三章第三节　天气与气候（第1课时）"教学设计

主备人：宋艳枝　辅备人：魏方

一、教材分析

《天气和气候》这一节是中图版《地理》七年级上册第3章《复杂多样的自然环境》第3节的内容。本节课教学设计依据的课程标准有两条：

（1）知道天气和气候的区别，并在生活中正确使用这两个术语。

（2）识别常用天气符号，能看懂简单的天气图。

课时内容包括"辨别天气与气候"和"天气预报"两部分。

气候是构成自然环境的要素之一，学生上节课已学习了我国气温和降水等方面的知识（它们是气候的两个基本要素），在此基础上学习如何辨别天气与气候，并在生活中正确使用这两个术语，以及识别常用的天气符号等内容。这不仅可以使学生进一步加深对气温和降水这两大气候基本要素的理解，也为第2课时"中国的气候特征"的学习打下了基础，同时，有助于培养学生的读图识图能力，使学生养成收听、收看天气预报的习惯。

本节教材的特色之一就是从生活实际出发，联系生活实际，将生活实际带入课堂，让学生切实感受到地理知识的实用性。

二、学情分析

1. 知识掌握

本课时所学内容，学生在小学科学等学科中已有所接触；对于天气与生活的关系，以及有关天气预报的知识，学生也有亲身的感受和初步的了解；上节课又学习了《气温和降水》，这些都为本节课的学习奠定了一定的基础。

2. 年龄特点

七年级学生刚升入初中，还保持着好奇、爱表现的特点，抓住学生的这些特点，采用形象生动、形式多样的教学方法，激发学生的求知欲和好奇心，可以使学生积极主动地参与到学习中来，有效地培养学生多方面的能力。

三、教学目标

1. 知道天气和气候的区别，并在生活中正确使用这两个术语。

2. 识别常用天气符号，能看懂天气预报图。

3. 培养阅读材料和读图的能力，只有会读，才能感知教材，领会教材，抓住重点；通过区别天气和气候的不同，培养分析和比较的能力；通过教学活动，学会看天气预报，培养理论联系实际的能力。

4. 从现实生活的经历与体验出发，激发对地理学习的兴趣，知道地理知识的作用，形成主动学习的态度；培养对环境的保护意识，初步形成可持续发展的观念，逐步养成关心和爱护环境的行为习惯。

四、教学重点

天气和气候的概念及区别；阅读卫星云图和简单的天气预报图。

五、教学难点

天气与气候的区别，天气和气候与人们日常生活的关系。

六、教学过程

（一）导入新课

师：同学们，老师请你们猜个谜语，好不好？

生（齐声回答）：好。

幻灯片展示：大哥天上叫，二哥把灯照，三哥来喷水，四哥把扇摇。

设计意图：设置谜语情境，激发学生浓厚的学习兴趣。

生：……

教师总结：打雷、闪电、下雨、刮风。

风雨雷电是天气家族的成员，而天气是我们经常聊起的熟悉话题，那么本节课，我们就一起聊聊与天气有关的话题。

板书"第1课时　天气预报"。

展示学习目标：

1. 理解天气与气候的区别。

2. 识别不同的天气符号并学会正确使用天气术语。

3. 学会识读卫星云图、城市天气预报图。

设计意图：让学生学有目标，听有方向，在教师的引导下真正成为学习的主人，充分发挥主体作用。

（二）预习及检测

承转：究竟什么是天气？请同学们参考预习单上"预习导学"部分所设置的问题，阅读课本第78页至第82页的相关内容并对关键词句进行圈画，初步完成预习任务。（5分钟）

预习完的同学完成预习单上的预习检测内容。

设计意图：让学生带着问题去预习，目标明确，任务具体。而预习检测环节会督促学生预习，让学生关注自己的预习情况，巩固加深对基础知识的理解与记忆，最终养成良好的学习习惯。

（三）新课教学

请用简洁的话来总结什么是天气和气候。

设计意图：承前启后，引入正题。

幻灯片展示：天气指一个地方短时间内大气的变化状况。

板书"一、天气与气候"。

提问：天气和气候是一样的概念吗？

讲述：气候指一个地区多年的平均天气状况。天气、气候的时间尺度、空间尺度及特点都不相同。比较下面两幅图片，哪幅展示的是天气，哪幅展示的是气候？

展示图片：天气与气候的图片。

设计意图：分析比较概念，加深印象，巩固理解。

生：……

提问：天气和气候分别能用哪些准确的语言来描述呢？

讲述：

天气：风（风向，风力大、小）雨雪、阴晴、冷热（气温的高低）。

气候：气温、降水。

设计意图：进一步深化天气与气候的区别，并提高学生观察、比较、表达的能力。

活动：分辨天气与气候（课本第78页）。

判断：下列句子哪些是描述天气的，哪些是描述气候的？

1. 今天风和日丽。

2. 明天白天最高气温12℃，并伴有沙尘。

3. 7月是全年最热的月份。

4. 受南下冷空气的影响，今后几天将会有降温现象。

5. 今天有雾，请大家出行注意安全。

6. 某城市一年的最高气温和最低气温大约相差15℃。

设计意图：教师给学生提供新的启示和知识，激发全体学生强烈的学习兴趣，调动他们的积极性，提高学生独立思考的能力，使学生在积极探索中发现问题所在，并通过同学间的合作或老师讲解来解决问题，大大提高学习效率。

过渡：正所谓天有不测风云，虽然天气多变，但科学技术发展到今天，我们可以利用气象卫星对天气进行监测预报。（承前启后，结合学生熟悉的生活实际，使学生学习有用的地理，明白地理知识可以服务于生活。）

板书"二、天气预报"。

过渡：通常我们通过天气预报获得短期内的天气情况，而获取天气信息的途径有哪些呢？

生：看电视、听广播、看报纸……

师：还可以拨打12121天气预报电话。思考：天气预报一般播报什么信息？要成为一名合格的天气预报主持人，首先需要掌握哪些知识呢？

（1）卫星云图。

展示图片：卫星云图。

指图认识：蓝色代表什么？（海洋）绿色、棕色代表什么？（陆地）白色代表什么？（云区）一般而言，云白、云层厚的地方，一般是阴雨区。

过渡：在卫星云图的基础上，人们制作了城市天气预报。播报城市天气预报，还要熟悉常用的天气符号。

（2）识别常用的天气符号。

展示图片：常用天气符号。

设计意图：引导学生逐个认识常用的天气符号并记下来，熟练掌握常用天气符号，为日常生活服务。

过渡：在众多天气符号中，风的符号最多变，当风向不同或风级不同时，其符号也不同。

展示图片：风向和风力示意图。

（3）认识风力风向图标。

讲述：风向是风吹来的方向，风尾标在风杆的哪边就是什么风，一道长杠表示2级，一道短杠表示1级，8级及以上用风旗来表示。

练一练：说出下列符号代表的风。

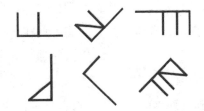

设计意图：准确掌握风向和风力的表达和判断。

（4）活动：天气符号小组PK赛。

教师展示天气符号卡片，答对多、用时短的小组获胜！

设计意图：加强巩固基础知识，促进精准掌握，并形成强烈的竞争和团体意识。

过渡：在天气预报中有时会涉及空气质量。

板书"三、人类活动对空气质量的影响"。

空气质量的好坏反映了空气的污染程度，可以用空气污染指数来表示。而空气质量又有不同的级别和好坏之分。

展示图片：空气质量级别图。

空气质量的好坏会影响人们的生活。

提问：影响空气质量的因素有哪些呢？

阅读课本第82页第二段，总结影响空气质量的主要因素和改善空气质量的措施。

生：自然因素：风、雨。人类活动：人为污染物的排放（包括工厂、企业排放的废气，汽车等交通工具的尾气，居民生活和取暖、垃圾焚烧产生的废气）。其中，人为污染物的排放是影响空气质量的主要因素，汽车尾气的排放是一些大城市空气污染的主要来源。改善措施：①控制污染物的排放；②扩大城市绿化面积；③增加水域面积；④实施生态修复。

播放视频：天气预报。

活动：任选图中的某两个城市，试做小小天气预报员。

生1（配《渔舟唱晚》背景音乐）：……

设计意图： 给学生提供视频模板，让学生熟悉天气预报的内容和流程，营造真实情境，让学生体验知识学习及不同职业的快乐，充分体现地理的实用性。

（四）课堂小结及拓展延伸

本节课结合学生的生活实际，让学生切实感受到地理知识的有用之处。本节课以学生生活中所熟悉的天气预报来引导学生思考，促使他们自己主动寻找问题的答案，培养学生自主、合作、探究的能力；在教学中采用了多媒体，利用多种图像刺激学生的视觉感官，引起学生浓厚的学习兴趣。理论联系实际和多媒体教学是本节课的特色。

设计意图： 帮学生厘清知识结构，掌握内在联系，升华学生思维。

（五）作业布置

试着用天气符号和文字记录我们所在地区一周的天气情况。

日期						
天气						

设计意图： 知识来自生活，最终为生活服务。

七、板书设计

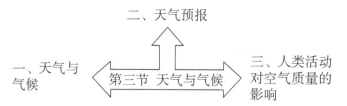

设计意图： 让学生整体回顾，搞清知识之间的脉络，最终升华提高。

八、限时检测

见附件限时检测单。

设计意图：有效及时反馈教学目标的完成情况，固本强基。

【点评】

以谜语形式设置情境导入新课，激发学生学习的兴趣，直接把学生吸引到本节课的学习内容上来。整个学习过程都体现了学生的主体地位，使学生在愉快的学习情境中思考、探讨交流、合作学习，轻松地突破了重难点。结合学生熟悉的天气预报，体现了地理新课标要求的掌握生活中的地理，通过让学生收听及体验模仿天气预报，不仅让学生巩固学习了天气预报知识，也提高了学生生活的能力。天气符号小组赛，既分工明确，又密切合作，充分调动小组内各成员的积极性，发挥各自的优势，在各小组间形成紧密团结的竞争氛围，在最有限的时间内将各自的短时记忆优势发挥到极致，非常利于培养学生的合作和探究能力。总之，只要教师做好恰当的启发指引和总结，教学目标就较容易实现。

附： 教学三单

预习单

一、学习目标

1. 理解天气与气候的区别。

2. 识别不同的天气符号并学会正确使用天气术语。

3. 学会识读卫星云图、城市天气预报图。

二、教学重难点

重点：理解天气与气候的区别。

难点：天气及其对生产生活的影响。

三、预习导学

（一）天气与气候

阅读课本第78页，圈画出天气与气候的概念。

（二）天气预报

1. 卫星云图

阅读课本第79页，指出在卫星云图上，绿色、棕色、蓝色、白色各代表什么。

2. 天气符号

读课本第80页图D，认识常用的天气符号。

3. 空气质量

阅读课本第82页，圈画出影响空气质量的因素和改善空气质量的措施。

四、预习检测

1. 下列词句不是描写气候的是（ ）。

A. 四季如春　　　　　　　　　B. 四季分明

C. 东边日出西边雨　　　　　　D. 长冬无夏

2. F 符号表示（ ）。

A. 西南风三级　　　　　　　　B. 北风6级

C. 北风9级　　　　　　　　　D. 台风8~12级

3. 卫星云图上，当北京为绿色时，说明北京地区当时是（ ）。

A. 晴朗天气　　　　　　　　　B. 大雨天气

C. 阴　　　　　　　　　　　　D. 晴转阴天气

导学单

一、天气与气候

自主探究：课本第78页活动"分辨天气与气候"。

二、天气预报

1. 小组竞赛：通过闪卡认识巩固常用的天气符号。

2. 试做小小天气播报员。（配中国政区图）

限时检测单

（限时 7 分钟，共 20 分）

注意：选择题每小题 5 分，共 20 分。

1. 读郴州市某日天气预报图，其天气状况为 （　　）。

A. 晴转多云，气温 19℃～27℃

B. 多云转晴，气温 19℃～27℃

C. 阴转晴，气温在 27℃ 以下

D. 晴转阴，气温 19℃～27℃

郴州市

19℃～27℃

2. 早晨学校升国旗，小红发现国旗朝东北方向飘扬，那么这时的风向是（　　）。

A. 东北风 　　　　　　　　　B. 西南风

C. 东南风 　　　　　　　　　D. 西北风

3. 台风在我国登陆时，将产生巨大的破坏作用，但有时也对农业生产产生有利的影响，这主要表现为（　　）。

A. 带来狂风 　　　　　　　　B. 形成大量降雨

C. 形成闷热天气 　　　　　　D. 沿海地区形成巨浪

4. 下列行为不能了解某地天气变化的是（　　）。

A. 查看卫星云图

B. 阅读空气质量月报

C. 浏览 "中国气象在线" 网站

D. 听天气预报

初中生物新授课模式

教学模式

21 世纪是生物科学的世纪，人口及环境问题越来越被人们重视。生物学科作为中学的一门课程，怎样实现其教育价值？只有当学习者领会到中学生物学科开设的价值，其教育价值才能更容易被实现。"教学有法，教无定法"，让生物课的讲堂成为"小讲堂、大自然、大社会"是生物学科实现其教育价值的基础。

教学时，教师采用的"先学后教、当堂训练"的课堂教学模式是最基本的新授课形式，该模式下采用的教学方法是集中自学、集中检测、集中教授的"一学一教"法。

一、情境导入，明确目标

教师根据本节课的特点和学生的知识掌握情况，通过图片、视频、游戏等材料和方式设置情境，从而充分激发学生探究新知的兴趣，继而自然而然地引出新授知识。

设置情境时需要注意：

（1）时间不宜过长。

（2）要以旧知引入新知。

（3）情境设置要契合实际生活。

（4）情境设置要少而精，充分考虑学生现有知识水平。

二、问题引导，探究新知

通过设置预习单、导学单对新课知识进行梳理归纳。学生自主完成各基础知识的学习和探究过程（提倡自主思考），最大限度地自主解决问题。导学单通过设置问题让小组进行合作交流，使学生互助学习，共同探究新知。

三、教师引导，点拨提升

教师对本节课的一些易错点、易混点、重难点进行总结提升。

四、课堂小结，盘点收获

教师引导学生对本节课知识进行总结梳理，使学生进一步明确学习内容。

五、限时检测，落实堂清

设计限时检测题时应注意以下几点：

（1）题型要灵活多样。

（2）训练题要循序渐进具有层次性，满足不同层次学生的需要。

（3）要依纲扣本，不超纲，不超教材。

（4）对知识点要全面检查。

（5）注重知识点的迁移运用。

典型课例

"第十章第五节　人体能量的供给（江苏版教材）"教学设计
主备人：梁明月　审核人：商净净

一、教学设计依据与构想

本节教学主要内容是通过前面几节课的学习，进一步理解人体内物质的运输和能量的供给。学生只有学习了人体内能量代谢的过程，才能深刻地理解前面学习过的人体的营养供给、人体内物质的运输、人体的呼吸等内容。针对此年龄阶段学生思维活跃、有强烈的问题意识和探究欲望、喜欢动手、善于发现的特点，教师设计了两个探究活动，激发学生的求知欲，充分发挥学生的主体作用。在活动中，让学生感知科学知识和客观规律的存在；以多媒体视频和课件作为补充，联系学生已有的生活经验，把"人体能量供给"和"测量体温"两个探究实验牢牢地印在学生的脑海里。教师把重点放在对实验结果的分析上，目的是使学生更加深刻地理解人体内能量的供给过程，为学生以后的课程学习打下基础；同时希望在一定程度上能够培养学生的科学素质，体现新课标关注学生发展的理念。

二、教学目标

生命观念：通过学习本节人体生命活动所需能量来源于食物，建立生物学的物质与能量观。

103

科学思维：

（1）通过预习和提出问题，说明人体生命活动所需能量来自细胞中有机物的氧化分解。

（2）通过提出问题和合作探究，说出体温变化对人体的影响及维持体温恒定的重要性。

探究实践：

（1）学会测量自己和他人的体温。

（2）通过探究活动，培养严谨的科学态度和勇于探索的科学精神。

（3）通过自主学习并回答问题，提高学习能力以及语言表达能力。

态度责任：关注身体健康。

三、教学重难点

人体生命活动所需能量来自细胞中有机物的氧化分解。

四、教学准备

1. 学生准备

口腔用体温计或腋窝用体温计。

2. 教师准备

（1）测量体温用的脱脂棉，体积分数为 75% 的酒精等。

（2）视频：

①人体能量供给的过程。

②人体体温保持相对稳定。

③人体的热量分布。

④人体体温保持恒定的过程。

五、教学流程

1. 情境引入，明确目标

游戏导入：请两名学生上台做快速高抬腿运动。

提出问题：当你经过剧烈运动后，有怎样的感觉？

（学生回答：饿，口渴，感觉到没有力气……）

这是因为剧烈运动消耗了大量能量，在疲劳和饥饿的情况下人会感到没有力气。那么，怎样来恢复体力呢？

（学生回答：食物中含有能量，可以从食物当中获取能量）

今天我们就一起来学习人体能量的供给（引出课题）。

设计意图：以学生的生活经历引入，将感性认识上升到理性认识。提出问题，环环相扣，降低了知识的起点，缩短了科学与生活的距离。

2. 问题引导，探索新知

组织学生自主阅读教材第 68 页至第 71 页，完成课前预习单，用红笔画出重点内容，限时 5 分钟。

师：找学生回答预习问题，并展示正确答案，了解学生预习情况。

（1）人体的能量供给

教师提出问题：哪位同学愿意告诉我们，今天早餐吃了什么？（学生回答：面包、牛奶、火腿肠……）那么，是不是这个同学的身上就要长出面包、鸡蛋、火腿了呢？（学生回答：不能）

教师引导：大家都笑了，因为我们知道这是不可能的。可是为什么不可能呢？我们吃进去的食物在我们的体内究竟发生了什么变化？

（学生回答：食物在我们的消化系统中被消化为营养物质，被人体吸收，最终被血液送到全身的每个细胞里去）

教师小结：这些营养物质到达细胞后又发生了什么变化呢？

设计意图：调动学生学习的积极性，使学生迫切地想知道营养物质到达细胞后又是如何变化的，激发学生的探究欲望，使学生在疑问和好奇中主动走进探究学习的乐园。

教师引导：请同学们思考另一个问题：为什么人活着就要不断地呼吸？（学生回答：为了得到氧气）

那么，人体是怎样得到氧气的呢？（外界的氧气通过肺的通气、与血液的气体交换进入血液，由血液运输到组织细胞周围的毛细血管，通过与组织里的气体交换进入组织细胞）

教师提问：现在我们看到了，营养物质和氧气都到达了组织细胞，接下来会发生什么？

（学生大胆想象，提出假设）

师：完成导学单中的自主探究，根据教材第 68 页内容，将人体能量的产生方式补充完整。

观看视频课件：人体能量供给的过程。

理解人体获得食物中储存的能量的过程：学生以小组的形式进行讨论，通过各组抢答的方式培养竞争意识，教师进行指导。

（在细胞里，蛋白质、糖类、脂肪等有机物在氧气的参与下被分解成二氧化碳、水等；同时，这些物质中含有的能量也被释放出来。释放出的能量一部分用于维持人体的各项生命活动，一部分以热能的形式释放出来以维持体温）

设计意图：人体能量供给的过程是本节课的难点，师生互动、学生互相评价等活动既拓展了学生的思维空间，又驱动学生积极主动地构建知识，还引导学生自主学习、合作学习。将学生的已有知识归纳、整理，逐渐在黑板上建立一张知识图表，构建一个知识网络，使知识变得形象、直观，便于学生将知识之间的联系系统化。

活动一：探讨人体能量的供给

学生 4 人一组，讨论和交流教材上的表 10 - 5。

思考：

①什么是食物的热价？（1 g 食物在体内氧化时释放出来的能量）

②表 10 - 5 上所列的食物中，哪个的热价最高？哪个最低？为什么？（花生含脂肪较多；大白菜主要含维生素，含蛋白质、糖类或脂肪较少）

教师引导：由此，我们知道：不同的食物由于所含营养物质不同，以及营养物质的量不同，其食物的热价也不同。

思考：人从食物中获得能量，我们每天大约需要多少能量呢？请大家看看第 69 页的表 10 - 6，从这张表你发现了什么？完成导学单中的合作探究。

（学生回答：不同的人每天需要的能量不同）

计算自己每日能量供给情况，设计"一日食谱"。

提问：怎样的食谱才算是符合科学的能量需求食谱？哪位同学能简单说说该怎样判断。

（学生回答：将一种食物的量乘以该食物的热价可以得到这种食物能提供的能量，将所有食物的能量加起来，再与表 10 - 6 对比就可知道了）

思考：从事重体力劳动或参加剧烈运动的人，为什么食量比较大？

（学生回答：这些人消耗的能量多，而能量又必须从食物中获得）

设计意图：以学生的生物学探究活动为主线，以学生积极参与教学活动为核心，引导学生以自主探究、交流合作、讨论分析的学习方法完成学习；使学生了解计算食物能量的方法，在设计"一日食谱"的基础上，提醒学生课后对更多的食谱进行评价，实现课堂的延伸。通过思考题进一步把知识深化。

（2）体温

展示班级学生每天早上测量体温和体温记录表照片。

提出问题：图片中大家在做什么？（测量体温）测量体温有什么意义呢？

活动二：测量体温

人体内营养物质分解释放出来的能量，其中50%以上以热能的形式用于维持体温。（展示人体内热量分布图）

通过图进行分析：同学们知道什么是体温吗？（体温是人体内部的温度）

提出问题：大家都去过医院，想一想我们是用什么来测量体温的。

（此处学生可能分不清温度计和体温计的测量范围，强调应该选用体温计）

3. 教师引导，点拨提升

讨论：

（1）当你为亲人或邻居量体温时，你如何确认他们是否发烧？

（请有过发烧经历的学生讲述发烧时的感觉，分析不正常体温对人体的危害）

（2）为什么新冠疫情流行期间，机场、车站等场所通过体温探测仪检查旅客的体温？

教师讲述：腋窝、口腔和直肠的温度平均数值分别约为 36.8 ℃，37.2 ℃，37.5 ℃。直肠的温度最接近人体的体温。人的体温与年龄、性别和身体状况有关。

提出问题：人体维持体温相对稳定有什么意义？

小结：维持体温相对稳定，是人体进行正常生命活动的基础。体温过高或过低会影响体内酶的催化作用，从而影响人体的生命活动，严重时可能导致死亡。

提出问题：人是如何保持恒定体温的？

播放视频：请同学们在观看"人体保持体温恒定"视频后总结出人体保持恒定体温的办法。

辨析题：一个人生病发烧是一种病理反应，对人体有百弊而无一利。

总结：正常的体温是人体进行正常生命活动的基础。发热对人体既有利又有害：一定限度内的发热是身体抵抗疾病的生理性防御反应；但当体温过高或长期发热时，人体的生理功能紊乱，甚至会危及生命。当体温达到 43 ℃时，人就会有生命危险。

设计意图：联系生活实际，学生已有测量体温的生活经验，通过播放短片，唤起了学生的回忆，再让学生仿照完成，能节省课堂时间。在"实验中学习"能实现生生互动、师生互动，激发学生兴趣，使学生在自由、平等的气氛中感悟科学技术与生活实际的紧密联系。

4. 课堂小结，盘点收获

通过这节课的实验、探究、观察与学习，请学生谈谈感受和收获，教师进行必要的补充。

5. 限时检测，落实堂清

进行限时检测，学生独立完成，师生集体讲评。

设计意图：检测学生对知识的理解能力，同时检测教师对课程目标的落实情况。

六、板书设计

第五节 人体能量的供给
一、人体能量的供给

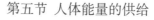
营养物质+氧气 → 二氧化碳+水+能量

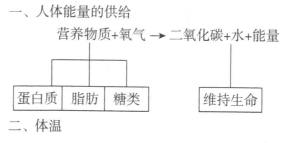

蛋白质	脂肪	糖类

维持生命

二、体温

【点评】

依托实验，激发兴趣、培养能力、提高素质的设计理念基本实现。在潜移默化中渗透了语言表达能力、实验能力、计算能力、综合分析能力等方面的培养。学生的主体性发挥较好，师生之间、生生之间的交流平等、融洽，学生敢说、敢问。在总结的过程当中，教师注重调动学生的参与意识，建立民主和谐的学习氛围，让每个学生都能体验到探究的快乐与学习的喜悦。在探究实验上，教师注重对学生设计实验能力的培养，培养学生的科学思维品质，同时不忘对学生进行情感教育，使学生关注自身和他人的身体健康，充分认识到人与自然和谐相处的重要意义。

附： **教学三单**

预习单

阅读教材第 68～71 页，用红笔画出重点内容。

知识点1：人体能量的供给

1. 人体吸收的营养物质的去处有哪些？

2. 有机物分解后的能量主要用于哪些方面？

知识点2：体温

1. 什么是体温？一般测量体温的位置是哪些？每个位置的正常值约是多少？什么位置的体温最接近人体的温度？

2. 维持体温相对稳定的意义是什么？

3. 哪些因素会引起人体发热？发热对人体有什么意义？

导学单

1. 自主探究：根据教材第 68 页内容，将人体能量的产生方式补充完整。

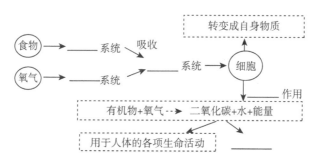

2. 合作探究：根据教材第 69 页资料一和资料二，讨论和说明人体能量供给的特点。

限时检测单

（限时 7 分钟，每题 5 分，共 50 分）

1. 氧气在人体细胞中的作用是（　　）。

A. 分解有机物为细胞生命活动提供能量

B. 分解食物为人体提供营养

C. 分解无机物为人体提供能量

D. 分解水，释放热量

2. 2008 年 5 月 12 日，四川发生大地震，这场突如其来的灾难给国人造成了巨大损失。为了救援被困群众，全国各地组织医疗队纷纷赶赴灾区。医生给被抢救的伤员静脉滴注质量分数为 5% 的葡萄糖溶液，其主要目的是（　　）。

A. 止疼

B. 提供能量

C. 供给全面营养

D. 维持细胞形态

3. 额温枪（红外线测温仪）是以针对测量人体额温为基准设计，使用非常简单、方便，无须接触人体皮肤，可以避免交叉感染，一键测温，排查发热。下列相关说法错误的是（   ）。

A. 额温枪主要通过测量额头温度来获得人体体温

B. 额温枪所测体温最接近人的实际体温

C. 额温枪能够避免交叉感染，特别适宜在人数较多的场所使用

D. 公共场所额温枪主要用于体温筛查，如果发现发热的人一般需要用体温计再次测量

4. 人体吸入的氧气最终被利用的场所是（   ）。

A. 肺泡   B. 红细胞

C. 毛细血管   D. 线粒体

5. 下列说法正确的是（   ）。

A. 体温是人体外部的温度

B. 人体产生的能量全部用于各项生命活动

C. 不同人的体温与年龄、性别和身体状况无关

D. 发热是一种病理反应，一定限度内的发热对人体是有利的

6. 当患者不能正常进食时，其往往依靠静脉滴注葡萄糖溶液维持生命。这其中的原因主要是（   ）。

A. 人生病时，喜欢喝葡萄糖

B. 葡萄糖是组成组织细胞的有机物

C. 葡萄糖能为人体提供能量

D. 有助于患者快速修复受损细胞

7. 下列有关物质在人体内氧化分解释放的能量去向，错误的是（   ）。

A. 全部用于人体的生命活动

B. 一部分用于维持人体的生命活动

C. 一部分散发到外界环境中去

D. 一部分用于维持体温

8. 维持体温的相对稳定，是人体进行正常生命活动的基础，下列说法正确的是（   ）。

A. 测量体温只能在腋窝、口腔处，直肠不能判断是否发烧

B. 发烧对人是有害无益的

C. 人体被病菌、病毒感染时，体温会升高

D. 人的正常体温是 37.8 ℃

9. 下列与人体能源物质供给无直接关系的系统是（　　）。

A. 消化系统　　　　　　　　　B. 循环系统

C. 呼吸系统　　　　　　　　　D. 内分泌系统

10. 王林在身体健康的情况下练习使用温度计测量腋下体温时，温度计的示数最可能是（　　）。

A. 35.5 ℃　　　　　　　　　　B. 36.6 ℃

C. 38 ℃　　　　　　　　　　　D. 39.1 ℃

高中学科"学本课堂"
教学模式及典型课例

高中语文古诗词新授课模式

教学模式

一、导入新课

通过设置悬念或营造氛围等引入新课，调动学生的学习情绪，激发学生学习的积极性。

二、展示目标

使学生明确学习目标，带着目标走进课堂。

三、预习检测

检测学生对诗词内容和相关手法的理解情况。

四、突破重难点

创设情境，问题引导，突破古诗词鉴赏的重难点，主要活动如下。

学习活动一：自主诵读，完成导学任务

反复诵读，体会诗词感情，分析表达技巧，自主完成导学单相应任务。

学习活动二：小组合作，展示讨论成果

学习小组共同讨论，做好分工和记录，讨论时间 3 分钟，小组讨论后进行展示。

学习活动三：教师引导，深入探究文本

结合学生展示的预习单中的问题或文本中的疑难点，引导学生深入探究文本，使课堂有深度。

学习活动四：拓展延伸，横纵归纳比较

横向或纵向拓展，归纳共性，比较不同，强化学生对重难点的理解和掌握程度。

五、课堂小结

总结重难点和学习方法，回应目标，强化所学。

六、限时检测

进行限时检测，掌握学习目标的达成情况。

典型课例

"酒中有真意"教学设计

——《短歌行》、《登高》、《琵琶行》、《念奴娇·赤壁怀古》、

《声声慢》（寻寻觅觅）多文本阅读

主备人：郑向丽　审核：高一语文组

一、导入新课

自古以来，诗与酒就交织在一起，二者结下了不解之缘，历代文人墨客留下了无数借酒抒情的诗词，形成了独具中国特色的"诗酒文化"。例如，王维的"劝君更尽一杯酒，西出阳关无故人"，借酒抒发了依依的离情；范仲淹的"浊酒一杯家万里，燕然未勒归无计"，借酒抒发了思乡之情；杜甫的"白日放歌须纵酒，青春作伴好还乡"，则抒发了听说官军收复河南河北之时的喜悦……今天我们走进第三单元，品读诗人笔下的酒意。

二、展示目标

梳理五首诗歌中与酒有关的诗句，品味诗歌中的不同情感，总结古诗词中"酒"这一意象通常蕴含的思想感情。

三、预习检测

解决预习中的疑难问题。

四、突破重难点

（一）创设情境

请同学们结合古诗词中写酒的诗句，畅谈诗中人生。作为高一的新生，我们就先结合必修上册第三单元的诗词来理解诗中真意。下面就让我们走进诗词，置身诗境，感受诗中人生。

（二）学习活动一：自主诵读，完成导学任务

具体要求：

（1）速读，画出与酒有关的诗句。

（2）细读，品诗中真意，完成下面表格。

篇目	与酒有关的诗句	诗人际遇	借酒表达的情感
《短歌行》			
《登高》			
《琵琶行》			
《念奴娇·赤壁怀古》			
《声声慢》（寻寻觅觅）			

（3）美读，读出诗中真情。

（三）学习活动二：小组合作，展示讨论成果

小组讨论交流，小组代表展示讨论成果，师生交流，达成共识。

（四）学习活动三：教师引导，深入探究文本

引导问题：

（1）同样是被贬失意，为什么白居易是"独倾"，苏轼是"酹江月"呢？

（2）同样是喝酒独酌，同样是国破漂泊，为何李清照喝的是"淡酒"，而杜甫喝的就是"浊酒"呢？

明确：

（1）白居易借酒消愁，苏轼则选择放下自己的愁苦，徜徉山水，让有限的生命在山水间丰富起来，追求自我精神境界的提升，用豁达乐观的态度面对短暂的人生。

（2）浊酒指未滤的酒，因其压榨之时，采用相对稀疏的过滤纸过滤，于是酒醪中相对细微的白色发酵物随酒液渗透下来，这样采集而成的较浑浊的便是浊酒。喝浊酒可能和杜甫的贫穷有关，而杜甫和李清照喝的酒不同也可能和这两个人诗歌的风格有关：杜甫诗风沉郁顿挫，所以用浊酒的意象，给人一种沉重的感觉；李清照词风婉约细腻，用这种看似平淡的意象，在清浅之中给人浓浓的愁意。

（五）学习活动四：拓展延伸，或归纳或比较

结合导学单上补充的诗歌，总结古诗词中"酒"这一意象通常蕴含的思想感情。

明确：

（1）以酒助兴怡情。

（2）以酒解愁忘忧：

①送别思乡之情；②怀才不遇之伤；③国运艰难之叹。

五、课堂小结

中国诗酒文化的精髓就在于"既醉以酒，既饱以德"，所谓"醉翁之意不在酒，在乎山水之间也""山水之乐，得之心而寓之酒也"。这也正是诗酒文化展现的真情。

六、限时检测

见附件限时检测单。

七、布置作业

选择你喜欢的和酒有关的诗句，写一则100字左右的文学短评。

【点评】

本节课从酒这一意象入手进行多文本的比较阅读，引导学生通过分析意象把握诗人情感。课堂中，通过自主学习、合作探究、问题引导等方式，充分信任和挖掘学生的学习能力。强化朗诵，品读诗人情感，立足文本，深入把握作品意旨。通过问题引导，进行深度挖掘，加深了学生对课文的理解，提高了课堂的深度。如果有更多的学生参与诵读展示，课堂效果会更好。

附：教学三单

预习单

一、阅读诗词，结合注释和创作背景理解诗词

要求：

1. 疏通文本，理解关键字词意思，能概括内容，把握情感。

2. 结合创作背景，简要概括诗人的人生际遇，不超过10个字。

创作背景如下：

《短歌行》作于曹操大败赤壁之战后，其时作者已经53岁了，年事渐高，面对战乱连年、统一中原的事业仍未完成的社会现实，他酒宴众文武官员，饮至半夜，忽闻鸦声往南飞鸣而去。曹操有感此景而横槊赋此《短歌行》。

《登高》是唐代宗大历二年（767年）杜甫在夔州所作。当时杜甫已经56岁，长期颠沛流离的生活，加之心情抑郁忧愤，致使诗人身患重病。重阳登高无心游赏，触景伤怀，抒发了自己内心的感慨。

《琵琶行》：白居易因干预朝政被唐宪宗下令贬为江州（今江西九江）刺史。还没到任，第二道诏令又来了，被降为江州司马。在江州期间送客湓浦口，遇到琵琶女，创作出这首传世名篇《琵琶行》。

《念奴娇·赤壁怀古》：宋元丰五年（1082年），苏轼因"乌台诗案"被贬为黄州团练副使，游赤鼻矶，作词抒怀。

《声声慢》（寻寻觅觅）：靖康之难以后，李清照的丈夫已故，他们精心收集的金石书画都已散失。这首词是漂泊江南、形影相吊的寡妇在一个秋天黄昏里的生活感受。

二、预习检测

1. 下列对《短歌行》诗歌内容的表述，错误的一项是（　　）。

A. 起首四句，以朝露易干为喻，抒发诗人对人生的感慨：人生短暂，年华易逝而功业无成，因而产生一种时间的紧迫感

B. "呦呦鹿鸣，食野之苹。我有嘉宾，鼓瑟吹笙"四句，描写宾主欢饮、融洽相处的情境，表达了诗人求贤若渴的心情

C. "月明星稀，乌鹊南飞。绕树三匝，何枝可依"四句写出诗人对未来的迷茫，不知自己归向何处，形象生动，韵味隽永

D. 全诗全用四言，四句一韵，句式整齐，音调和谐，无论在视觉上还是听觉上，都给读者一种美感，增强了作品的表现力

2. 下列对《登高》的理解和赏析，不正确的一项是（　　）。

A. 首联精选意象，多角度写景，写出深秋时节的特征，抒发了诗人的凄凉孤寂之情

B. 颔联气象雄浑，境界开阔，创设宏大背景，使诗人的痛苦显得分外渺小，倍添悲凉

C. 颈联中"悲"字是全诗的诗眼，表达了诗人复杂的情感，情感缠绵悱恻，动人心弦

D. 诗歌由景到情，由情选景，情景交融，浑然一体，淋漓尽致地表达了诗人忧国伤时之情

3. 下列对《琵琶行》的理解和赏析，不正确的一项是（　　）。

A. 开头写"浔阳江头夜送客""忽闻""琵琶声"，于是"寻声""暗问""移船""邀相见"，经过"千呼万唤"，然后歌女才"半遮面"地出来了。这种跌宕曲折的描写，为"天涯沦落"的主题奠定了基石

B. 第二段以描写琵琶女弹奏乐曲来揭示其内心世界。先是"未成曲调"之"有情"，然后"弦弦""声声思"，诉尽"平生不得志"和"心中无限事"，展现了琵琶女起伏跌宕的心潮

C. 第三段写琵琶女自诉身世：当年技艺曾教"善才服"，容貌"每被秋娘妒"，京都少年"争缠头"。然而，时光如流水，"颜色故"后只好"嫁作商人妇"。这种如怨如慕、如泣如诉的描写，与上面的弹唱互为补充，完成了琵琶女这一形象的塑造

D. 最后写诗人感情的波涛为琵琶女命运所激荡，发出"同是天涯沦落人，相逢何必曾相识"的感叹，抒发了诗人同病相怜、同声相应的情怀，突出了主题。全诗诗意委婉，情味无限

4. 下列对《念奴娇·赤壁怀古》的理解与分析，不恰当的一项是（　　）。

A. "大江东去，浪淘尽，千古风流人物"，开篇即景抒情，起笔颇有气势，从长江着笔，空间阔大；"千古风流人物"，说明历史时空广阔

B. "故垒西边，人道是，三国周郎赤壁"，作者把目光从江涛转向赤壁，既点出了赤壁的历史意义，也为下片歌颂周瑜埋下了伏笔

C. "遥想公瑾当年，小乔初嫁了，雄姿英发"，这三句描写周瑜风华正茂的形象。插入"小乔初嫁了"这一细节，是为了突出小乔的貌美，足以与周瑜相配，美人英雄相得益彰

D. "羽扇纶巾，谈笑间，樯橹灰飞烟灭"，这三句描写了周瑜手执羽扇，头戴纶巾的儒将风度，突出了周瑜蔑视强敌的英雄气概。"谈笑间"三字，字字千斤，力透纸背，充分反映了周瑜当年赤壁破曹时那种轻而易举的神态

5. 下列对《声声慢》（寻寻觅觅）的理解和赏析，不正确的一项是（　　）。

A. "寻寻觅觅"采用写实的手法，通过"寻觅"的行为表现空虚怅惘的心态。词人想抓住点什么作为寄托，但结果却是空虚和冷清

B. "守着窗儿，独自怎生得黑！"这两句直接抒发了词人寂寞难耐的苦楚，"黑"字概括了作者后半生的坎坷经历、悲惨遭遇

C. 上阕营造了清冷异常的凄楚气氛，先写冷暖不定的气候，再写寒气袭人的晚风，最后写南飞的过雁，这些景物无不增添了词人的愁绪

D. 下阕继续倾诉愁情：菊花憔悴，是词人身世变迁的写照；独守寒窗，顿生度日如年之感；雨打梧桐，更是泪打心扉，令人难以承受

6. 写出三个含有"酒"意象的诗（词）句，并尝试分析这一意象在各自诗（词）中的含义。

导学单

一、学习目标

梳理五首诗词中与酒有关的诗句，品味诗词中的不同情感，总结古诗词中"酒"这一意象通常蕴含的思想感情。

二、导学问题

导学问题一：自主诵读，完成导学任务

具体要求：

1. 速读，画出与酒有关的诗句。

2. 细读，品诗中真意，并完成表格。

篇目	与酒有关的诗句	诗人际遇	借酒表达的情感
《短歌行》			
《登高》			
《琵琶行》			
《念奴娇·赤壁怀古》			
《声声慢》（寻寻觅觅）			

3. 美读，读出诗中真情。

导学问题二：总结古诗词中"酒"这一意象通常蕴含的思想感情。

补充诗歌：

1.《问刘十九》唐·白居易

绿蚁新醅酒，红泥小火炉。晚来天欲雪，能饮一杯无？

2.《拟行路难·其四》南北朝·鲍照

泻水置平地，各自东西南北流。人生亦有命，安能行叹复坐愁？

酌酒以自宽，举杯断绝歌路难。心非木石岂无感，吞声踯躅不敢言。

限时检测单

（限时7分钟，共6分）

阅读下面的诗歌，按要求完成题目。

饮酒（其十四）

陶渊明

故人赏我趣，挈壶相与至。

班荆①坐松下，数斟已复醉。

父老杂乱言，觞酌失行次。

不觉知有我，安知物为贵。

悠悠迷所留，酒中有深味。

注释：①班荆：铺荆于地。荆，落叶灌木，这里指荆棘杂草。

这首诗写出了哪些"酒中深味"？请从"情"和"理"两个方面概括分析。

（6分）

高中语文实用性文本新授课模式

教学模式

一、导入新课

通过设置情境或复习引出新授知识，激发学生的学习兴趣。

二、教学目标

紧紧围绕语文学科核心素养即"语言建构与运用""思维发展与提升""审美鉴赏与创造""文化传承与理解"四个方面设置。

三、处理预习单

补充作家作品、写作背景等内容，初步把握学生对文本内容的理解和把握程度。

四、教学新课

（一）初读课文，整体感知

以思维导图、表格等形式梳理文章思路。

（二）再读课文，品味细节

设置从易到难、层层深入的导学问题，以"自主探究—小组合作"的形式开展文本教学活动。

（三）深层探究，体会情感

设置问题，使学生深刻领悟作品的内涵，从教学中获得对自然、社会、人生的有益启示。

五、课堂小结

学生自主总结，教师适当补充，帮助学生形成系统、完整的知识体系。

六、布置作业

作业的布置只有既立足于课堂又高于课堂，才能让学生巩固课堂所学。

七、限时检测（最后 10 分钟）

1. 学生答题 5～7 分钟。

2. 学生核对答案，在 1～2 分钟内完成互改。

3. 教师讲评重难题和易错题。

三 典型课例

"探索与创新：科学群星闪耀时"教学设计

—— 《青蒿素：人类征服疾病的一小步》《一名物理学家的教育历程》多文本阅读

主备人：刘汇文　审核：高一语文组

一、情境导入

社会的进步离不开科学家的执着探索，近期，我校团委发起"探索与创新：科学群星闪耀时"的宣传学习活动，首期宣传的科学家是 2015 年诺贝尔生理学或医学奖获得者屠呦呦和日裔美国理论物理学家加来道雄。今天我们来一起了解他们的科学研究和成长过程，感受他们的科学研究精神。

二、教学目标

1. 梳理文章思路，厘清屠呦呦团队发现青蒿素及加来道雄成为理论物理学家的历程。

2. 深入研读文本，体会科学家"发现"与"创造"背后的科学精神。

3. 发展科学思维、培养科学精神、激发科学兴趣。

三、预习单疑难问题答疑

详见附件预习单。

四、教学新课

（一）初读课文，整体感知——走近科学历程

（1）请用思维导图说明屠呦呦发现研究青蒿素与加来道雄成为理论物理学家的历程，体验科研探索的艰辛与不易。

明确:

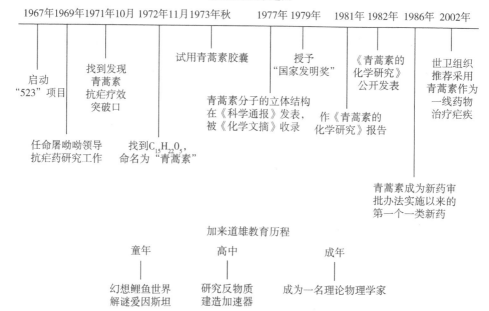

（2）两位科学家的两段历程有哪些共同点？

明确：漫长而又艰辛。

（3）如果让你在这两条路上分别做一个"最艰难"的标志牌，那么你会把这个标志牌安放在哪个位置？请说明你的理由。

示例：

青蒿素：人类征服疾病的一小步

安放位置：发现青蒿素的抗疟性。

安放理由：万事开头难，屠呦呦临危受命，从中草药中寻找并提取可能具有抗疟疗效的成分，进行了大量重复的实验，文中提到，"在第一阶段，我收集了2000个方药，挑选出可能具有抗疟作用的640个，从其中的200个方药中提取了380余种提取物"，数字背后反映出研究工作的繁复，揭示了青蒿素研究工作的艰难。

一名物理学家的教育历程

安放位置：建造加速器。

安放理由：只是高中生的作者，在圣诞节这样的节日，没有玩耍，而是做实验，文中提到，"在我读高中的那个学校的足球场中缠绕 22 英里长的铜线。我们把整整一个圣诞假日花费在这条 50 码长的线路上，缠绕和安装笨重的线圈"，同是高中生的我们，很容易从描述中体会到这个过程的艰难，以及作者享受的乐趣，这份热爱，值得标识。

（二）再读课文，品味细节——探寻科学精神

（1）两位科学家的研究和成长过程体现了哪些宝贵的精神品质？

请同学们以小组为单位进行讨论，每组选择一位科学家板书 2～3 个关键词，讨论结束后小组成员进行阐述。

明确：

屠呦呦：兴趣浓厚、敢于创新、严谨务实、不畏艰辛、使命感、责任感、博爱胸怀……

加来道雄：想象力丰富、求知欲强烈、勇于探索、不畏艰难、创新精神……

（2）两位科学家身上有哪些共同的品质？

明确：科研之前，满怀兴趣，充满想象，饱含热情；科研过程中，拥有实证精神，敢于创新，敢于为国家、为人类奉献自我；科研取得硕果后，平静且从容，不忘来时路，敢于突破，敢于再创新。这些正是从事科研工作所必需的科学精神。

（三）深层探究，体会情感——学习科学品质

总结：正是有了这些宝贵的科学精神，才有了一颗颗耀眼的科学之星，他们影响着他人、社会甚至整个人类的命运。在我国，这样的科学家还有很多，下面，我们通过一个视频来领略科学群星的光彩。（播放视频）

看完视频，相信大家都会为科学家的付出和奉献而感动，为科学事业、科学精神的传承而欣慰和振奋。那作为"00 后"的你们，此时此刻想对科学家们说些什么呢？

（同学自由发言）

五、课堂小结

从梦想到发现，科研之路总是漫长而又艰辛，屠呦呦和加来道雄无疑是这条科研道路上耀眼的明星，他们或用自己的研究拯救了千百万人的生命，或为人们打开了重新认识世界的大门。也许他们的成功很难被复制，但其科学精神可以被传承，希望同学们在自己热爱的道路上孜孜以求，执着探索，敢于创新，相信大家都会散发出自己的光芒。

六、布置作业

如果屠呦呦或者加来道雄作为我们本次宣讲活动的特邀嘉宾来到了活动现场，你觉得他们会对你们说些什么呢？请你以屠呦呦或者加来道雄的身份，面向全校同学，写一篇演讲稿，激发同学们的科学兴趣，激励同学们的科学精神。

七、限时检测

详见附件限时检测单。

【点评】

善于找到两篇课文之间的联系，通过创设情境组织学习活动，引导学生开展探究式学习。结合学习场景、学习内容、学习方法和学习资源，引导学生将语言文字作为工具，提升语文素养。课堂教学过程中让学生通过了解科学家在科学探索过程中的重要经历，了解对科学发现有重要启示的节点，领会想象和兴趣对于科学探索与发现的重要意义，以及科学工作者的责任感和奉献精神。以此为基础引导学生自主探究文中涉及的"中医药学""高维世界"等科学知识，激发学生对科学探究的兴趣和热情。

附： 教学三单

预习单

一、学习目标

1. 梳理文章思路，厘清屠呦呦团队发现青蒿素及加来道雄成为理论物理学家的历程。

2. 深入研读文本，体会科学家"发现"与"创造"背后的科学精神。

3. 发展科学思维，培养科学精神，激发科学兴趣。

二、作者及背景

1. 1955 年，正值中医研究院初创期，条件艰苦，设备奇缺，实验室连基本的通风设施都没有，经常和各种化学溶液打交道的屠呦呦身体很快受到损害，一度患上了中毒性肝炎。除了在实验室内"摇瓶子"外，她还常常一头汗两腿泥地去野外采集样本，先后解决了中药半边莲及银柴胡的品种混乱问题，为防治血吸虫病作出了贡献。她用创新性的研究为世界带来了迄今最重要的抗疟疾药——青蒿素。受益于此,数百万疟疾患者重获生机。

2019年5月,屠呦呦入选福布斯中国科技50女性榜单。9月17日,国家主席习近平签署主席令,授予屠呦呦中华人民共和国最高荣誉勋章。10月22日,屠呦呦获联合国教科文组织国际生命科学研究奖。

2.2011年度拉斯克奖颁奖典礼上,拉斯克基金会将拉斯克临床医学研究奖授予屠呦呦,以表彰其在治疗疟疾的青蒿素研究中的贡献。评审委员会认为,屠呦呦领导的团队将古老的中医疗法转化为最强有力的抗疟疾药,将中医中最宝贵的内容带入21世纪,挽救了全球特别是发展中国家的数百万人的生命。

3."平行宇宙"是指在已知宇宙之外还可能存在的相似的其他宇宙。有学者描述平行宇宙时用了这样的描述:它们可能处于同一空间体系,但时间体系不同,就好像同在一条铁路线上先后疾驰的两列火车;它们有可能处于同一时间体系,但空间体系不同,就好像同时行驶在立交桥上下两层通道中的小汽车。"多维空间"理论认为,我们所认识的世界简单与复杂,与我们所选择的空间维数有关。在一维空间中,只能容纳点和线的运动;在一个二维空间中,有面的存在;只有三维空间,才允许有运动的立体物。立体的存在物可以是生命体,也可以是物体。但三维空间并不是可以容纳一切的,有些更不可思议的存在很可能不是三维空间的框架所能容纳的。即使加上时间,构成四维时空,也还是有一些现象不能说明。

三、预习检测

1.下列对相关内容的概括和分析,不正确的一项是(　　)。

A.从青蒿提取物到青蒿素的研发历程和植物化学的其他发现在药物开发中的应用相比速度相当快

B.复方用药是中医的主要用药形式,单一药物治疗某一特定疾病的现象在中医实践中非常罕见

C.实验研究表明,保健运动可以减少动脉粥样硬化的形成,提高血流剪应力

D.相信在不久的将来,中医药学在同疾病的斗争中会进一步发挥威力,为维护世界人民的健康与福祉作出更多新的贡献

2.下列对文本相关内容的概括和分析,不正确的一项是(　　)。

A.屠呦呦在疟疾化疗科学工作组第四次会议上作了题为《青蒿素的化学研

究》的报告后，青蒿素的发现及疗效开始引起世界关注

B. 屠呦呦具有全球视野，她站在世界的高度，呼吁加强国际合作，探索从传统医学中研究、发现良药，从而最大限度地造福人类

C. 在基础生物医学领域，许多重大发现的价值和效益并不在短期内显而易见，但屠呦呦及其团队研发的青蒿素，却对人类健康的改善起到了及时迅速的作用

D. 本文重点阐述了屠呦呦及其团队研发青蒿素的艰难历程和中医药学对人类健康的贡献，叙述生动形象，有很强的说服力

3. 下列对文章内容的理解，正确的一项是（　　　）。

A. 最后"我"建成了所谓的电子感应加速器，仪器成功产生了比地磁场强两万倍的磁场，这是加速一束电子所必需的，对此我感到很欣慰

B. 科学家未能完成自己的伟大发现就撒手人寰，"我"对他死之后，他们说他的未完成的论文仍然摆放在他自己的办公桌上十分感兴趣

C. 大多数成年人通常似乎很难超越世俗的约束，但出于对科学的热爱，年轻人往往不会由于这些约束而畏葸不前，这是年轻人的一个优点

D. 一些科学家不能在实验室里便利地验证更高维数世界的说法，所以他们鄙视它。阿西莫夫的《基地》中写到超空间旅行的发现推动了一个银河帝国的兴起

4. 下列对文章相关内容的理解，不正确的一项是（　　　）。

A. 童年时"我"一直对存在着的高维世界非常感兴趣，并且酷爱阅读这一类历险故事，就像许多其他孩子一样

B. 人类"一生就在我们自己的'池子'里度过"，对于"超出了我们的理解力"的自然存在，他们"拒绝承认"

C. 文中提到的反物质是一种新型物质，其作用形式与普通物质一样。文章还解释了没有任何接触睡莲即会运动的能力是一种看不见的神秘力在起作用

D. 宇宙跟前存在有别的平行宇宙或多维空间都超出我们的理解力。如果科学家发明像力这样一些概念，那仅仅是因他们无法用眼检验出充满于我们周围空间的不可看见的各种振动

导学单

一、导学问题

（一）初读课文，整体感知——走近科学历程

1. 请用思维导图说明屠呦呦发现研究青蒿素与加来道雄成为理论物理学家的历程，体验科研探索的艰辛与不易。

2. 两位科学家的两段历程有哪些共同点？

3. 如果让你在这两条路上分别做一个"最艰难"的标志牌，那么你会把这个标志牌安放在哪个位置？请说明你的理由。

（二）再读课文，品味细节——探寻科学精神

1. 两位科学家的研究和成长过程体现了哪些宝贵的精神品质？

2. 两位科学家身上有哪些共同的品质？

（三）深层探究，体会情感——学习科学品质

你想对科学家们说些什么？

二、学习总结

限时检测单

（限时 7 分钟，共 9 分）

阅读下面的文字，完成文后题目。

材料一：

疟疾威胁人类健康长达数千年。……1967 年，中国政府启动"523"项目来抗击疟疾。……我带领由植物化学和药理学专业研究者组成的团队，开始从中草药中寻找并提取可能具有抗疟疗效的成分。

在第一阶段，我收集了 2000 个方药，挑选出可能具有抗疟作用的 640 个，从其中的 200 个方药中提取了 380 余种提取物，在小白鼠身上测试抗疟效果，然而进展甚微。研究的转折点出现在青蒿上，其提取物显示有一定的抗疟效果，然而，实验结果很难重复，而且似乎与文献记录相悖。

为了寻求答案，我们查阅了大量的文献。最早提到青蒿治疗疟疾的记录，出现在东晋葛洪所著的《肘后备急方》中，书中有这样的话：又方，青蒿一握，以水二升渍，绞取汁，尽服之。这句话让我深受启发：我们使用通常的加热提取方式，也许恰恰破坏了青蒿的活性成分，因此考虑改为低温提取，以保存其抗疟有效成分。改变提取方式后，抗疟效果果然大幅度提升！

我们随后将青蒿提取物分为酸性和中性两大部分。在 1971 年 10 月 4 日，我们成功得到了安全性高的中性提取物，并获得对感染疟疾的小白鼠和猴子百分之百的抗疟药效！我们终于找到了发现青蒿素抗疟疗效的突破口！……青蒿素是中医药学给予人类的一份珍贵礼物。

然而，单一药物治疗某一特定疾病的现象在中医实践中非常少见。通常，中医师按中医理论和方法诊断病人症候，对症开出由多种中药按君臣佐使组成的处方，并随着病情的发展和症候的变化，随时调整处方的药味和剂量，以达到良好的疗效。这样的辨证施治疗法和有效方药的积累对中华民族的繁衍昌盛作出了积极贡献。我们从中药青蒿研发出抗疟药物青蒿素，仅是发掘中医药宝库的努力之一。

（摘编自屠呦呦《青蒿素：人类征服疾病的一小步》，有删节）

材料二：

青蒿素的发现者获得诺贝尔奖，是否意味着中药这个宝库可以挖掘出更多的"青蒿素"，走上现代化之路？事实上，从中药中寻找"下一个青蒿素"的努力一直在持续。据悉，美国 NIH（美国国立卫生研究院）此前就与白云山和记黄埔中药公司签订合作协议，令板蓝根这种有 2000 多年应用历史的抗病毒中药成为首个进入外国实验室接受药效研究的中草药。业内人士表示，中医正越来越为国际所承认，中药的现代化将推动中医的现代化。这一举措也成为中医药走向国际的推动力。

近年来，中药引起西方一些国家的重视。以植物药为例，西方有 40 家植物研究机构，500 多个研究项目。在日本，许多汉方药企建立的研究机构从事汉方药物研究，建立了药材生产基地。美国 NIH 和艾滋病防治中心分别对 300 多种中草药进行筛选和有效成分研究，从植物药中寻找抗癌活性成分。

不过，中医药走向国际仍有不少障碍，中药研发能力严重不足是一大问题。我国对中药作用机理、物质基础以及新技术、新方法应用等方面的研究还不够深入，缺乏统一的质量控制和检测标准。我国药用资源丰富，药物植物 5000 多种，但做过化学或药学研究的不超过 20%，600 多种中药中不少是"知其然不知其所以然"的药物，而国家食品药品监督管理总局药品审评中心发布的《2014 年度药品审评报告》显示，2014 年 149 个获批上市的新药中，中药有 11 个，占比只有 7.38%。而即使是中国人最早发现的原创新药青蒿素，由于缺乏国际视野和先进技术，我国反而沦为世界青蒿素原料生产供应地。

据报道，由于目前疟疾暴发地主要在非洲，以 WHO 联合环球基金、比尔梅琳达等大基金采购为主，供应商则要通过 WHO 的 GMP 认证，这一通道大多国内药企并未打通。不过，复星医药子公司桂林南药生产的青蒿琥酯通过 WHOPQ 认证，在国际市场占据了一席之地。

（摘编自严慧芳《中药现代化，能否走青蒿素之路？》，有改动）

1. 下列各项中，不适合作为论据来支撑材料二观点的一项是（　　）。(3 分)

A. 某中成药指剂是一款基于古方研制的创新中药，经现代生物学技术检验，专家发现其有抑制 SARS 病毒的作用

B. 北大谢晓亮团队利用高通量单细胞测序技术在康复期病人血液中筛选到中和抗体，制成治疗新冠病毒感染的强效药

C. 广州医科大学通过研究获得了蒲公英若干有效成分或组分，证明了蒲公英多靶点、多通路抗病毒的作用机制

D. 中国医学科学院研制的桑枝生物碱以桑树枝条为药材，经提取分离纯化而得，此药可用于 2 型糖尿病治疗

2. 面对历史悠久的中药宝库，我们应该如何研发？请根据两则材料简要说明。(6 分)

高中数学新授课模式（一）

教学模式

一、创设情境

利用图片、视频、小游戏、复习、小故事等设置数学情境，使学生通过联想、想象和反思，发现相关信息的内在联系，进而发现问题、提出问题、研究问题、解决问题。伴随着一种积极的情感体验，学生表现出对新知识的渴求，对客观世界的探索欲望，对数学的热爱等，积极主动地参与课堂教学（情感和智力参与）。

二、呈现目标

目标包含本节课的学习目标和涉及的数学核心素养。目标的设置与教学"三单"内容保持一致，对接高考试题。

三、预习检测

预习检测是对教师所布置的与本节课或本单元知识相关的预习或者活动任务的一个检测；学生通过展示来体现他们的预习情况，教师对学生的预习展示作出评价，从检测过程中发现一些共性的问题，了解学生的学情，在后边的教学环节中就可以着重解决学生在自学或者合作过程中没有解决的问题，实现了先学后教和以学定教。

四、解难释疑

教师设置问题和追问，根据学生回答问题的情况，引导他们相互间讨论交流，直到问题解决。学生以探究的方式自己归纳总结，通过交流梳理清楚逻辑关系，充分理解本节课的所学知识。

五、拓展提升

使学生加强对教学内容的深入理解，在深度和广度上培养学生的探究意识和兴趣，使学生建立科学的思维方法和探究方法，认识问题和解决问题的能力得到提高，促进学生均衡而有个性地发展。具体体现在本节课知识的综合应用上。

六、整理小结

学生谈本节课的收获，教师进行适当补充，培养学生归纳概括问题的能力，帮助学生形成完整的知识体系。

七、限时检测（最后 10 分钟）

设计目的：巩固本节课所学知识。

本环节设计如下：

（1）学生答题 5~7 分钟。

（2）学生核对答案，在 1~2 分钟内完成互改。

（3）教师讲评重难题和易错题。

🔖 典型课例

"全称量词命题和存在量词命题的否定" 教学设计

（人教版必修第一册）

主备人：孙艳梅

一、学习目标

1. 掌握全称量词命题和存在量词命题的否定方法。

2. 正确判断否定命题的真假性。

二、教学重难点

重点：全称量词命题和存在量词命题的否定。

难点：判断全称量词命题和存在量词命题的真假，以及它们的否定的真假。

三、教学过程

（一）情境引入

一个命题有真有假，对一个命题进行否定，就会得到一个新的命题，这一新命题称为原命题的否定。

问题 1：我们如何对一个命题进行否定呢？一个命题和它的否定之间是什么关系呢？

活动预设：

（1）"56 是 7 的倍数"的否定是什么？

（2）"空集是集合 $A = \{1，2，3\}$ 的真子集"的否定是什么？

（二）预习检测

见附件预习单。

（三）讲授新课

1. 概念的形成

探究 1：写出下列命题的否定：

（1）所有的矩形都是平行四边形。

（2）每一个素数都是奇数。

（3）$\forall x \in \mathbf{R}，x + |x| \geqslant 0$.

否定形式：

（1）存在一个矩形不是平行四边形。

（2）存在一个素数不是奇数。

（3）$\exists x \in \mathbf{R}，x + |x| < 0$.

问题 2：

（1）这三个命题是什么类型的命题？它们的否定是什么类型的命题？

（2）如何对全称量词命题进行否定？

探究 2：写出下列命题的否定：

（1）存在一个实数的绝对值是正数。

（2）有些平行四边形是菱形。

（3）$\exists x \in \mathbf{R}，x^2 - 2x + 3 = 0$.

否定形式：

（1）所有实数的绝对值都不是正数。

（2）每一个平行四边形都不是菱形。

（3）$\forall x \in \mathbf{R}，x^2 - 2x + 3 \neq 0$.

问题 3：

（1）这三个命题是什么类型的命题？它们的否定是什么类型的命题？

（2）如何对存在量词命题进行否定？

预设的答案:

(1) 存在量词命题,全称量词命题。

(2) ①将"存在一个""至少有一个""有些"等存在量词变为"不存在一个""没有一个"等短语即可。

②对于形如"$\exists x \in M$, $p(x)$"的命题,它的否定为"不存在 $x \in M$, $p(x)$",即"$\forall x \in M$, $-p(x)$",其中"$-p(x)$"表示"$p(x)$ 不成立"。

2. 初步应用,理解概念

例1:写出下列全称量词命题的否定:

(1) 所有能被 3 整除的数都是奇数。

(2) 每一个四边形的四个顶点在同一个圆上。

(3) 对任意 $x \in \mathbf{Z}$, x^2 的个位数字不等于 3。

预设的答案:

(1) 该命题的否定:存在一个能被 3 整除的数不是奇数。

(2) 该命题的否定:存在一个四边形,它的四个顶点不在同一个圆上。

(3) 该命题的否定:$\exists x \in \mathbf{Z}$, x^2 的个位数字等于 3。

跟踪训练1:写出下列全称量词命题的否定,并判断其真假。

(1) 所有的矩形都是平行四边形。

(2) $\forall x \in \mathbf{R}$, $|x| \geqslant x$。

(3) $\forall x > 0$, $\sqrt{x}$ 为正数。

例2:写出下列存在量词命题的否定。

(1) $\exists x \in \mathbf{R}$, $x + 2 \leqslant 0$。

(2) 有的三角形是等边三角形。

(3) 有一个偶数是素数。

跟踪训练2:写出下列存在量词命题的否定,并判断其真假。

(1) 有的素数是偶数。

(2) $\exists x \in \mathbf{R}$, 使 $x^2 + x + \dfrac{1}{4} < -0$。

(3) 至少有一个实数 x, 使 $x^3 + 1 = 0$。

小结:$\forall x \in M$, $p(x)$ 的否定是 $\exists x \in M$, $-p(x)$。

$\exists x \in M$, $p(x)$ 的否定是 $\forall x \in M$, $-p(x)$。

问题4：

（1）用自然语言描述的全称量词命题或存在量词命题的否定形式唯一吗？

答案：不唯一，如"所有的菱形都是平行四边形"，它的否定是"并不是所有的菱形都是平行四边形"，也可以是"有些菱形不是平行四边形"；"有一个偶数是素数"，它的否定是"没有一个偶数是素数"，也可以是"所有的偶数都不是素数"。

（2）对省略了量词的命题怎样否定？

答案：对于含有一个量词的命题，容易知道它是全称量词命题或存在量词命题。一般地，省略了量词的命题是全称量词命题，可加上"所有的"或"对任意"，它的否定是存在量词命题。例如，"正方形是平行四边形"可写成"所有的正方形都是平行四边形"，进行否定可写成"存在一个正方形不是平行四边形"。

3. 全称量词命题与存在量词命题的综合应用

例3：命题"$\exists x \in \mathbf{R}$，$2x^2 + 3x + a \leqslant 0$"是假命题，求实数 a 的取值范围。

跟踪训练3：已知命题"$\forall x \in \mathbf{R}$，$ax^2 + 2x + 1 \neq 0$"为假命题，求实数 a 的取值范围。

（四）课堂小结

（1）全称量词命题和存在量词命题的否定。

命题	p	$\neg p$	命题的否定
全称量词命题	$\forall x \in M$，$p(x)$	$\exists x \in M$，$\neg p(x)$	存在量词命题
存在量词命题	$\exists x \in M$，$p(x)$	$\forall x \in M$，$\neg p(x)$	全称量词命题

（2）对省略了量词的命题可补上量词后进行否定。

（3）方法归纳：转化法。

（4）常见误区：否定不唯一，命题与其否定的真假性相反。

（五）限时检测

见附件限时检测单。

（六）布置作业

完成课后练习题。

附：教学三单

预习单

一、学习目标

课程目标	学科素养
1. 理解全称量词命题和存在量词命题的否定的意义 2. 会对全称量词命题和存在量词命题进行否定（重点）	1. 逻辑推理 2. 数学运算

二、自主学习

1. 全称量词命题的否定

p	$\neg p$	结论
全称量词命题 $\forall x \in M$，$p(x)$		全称量词命题的否定是_____

2. 存在量词命题的否定

p	$\neg p$	结论
存在量词命题 $\exists x \in M$，$p(x)$		存在量词命题的否定是_____

3. 命题的否定与原命题的真假

一个命题的否定仍是一个命题，它和原命题只能是一真一假。

三、预习检测

判断题。（正确的打"√"，错误的打"×"）

1. 存在量词命题的否定是一个全称量词命题。（　　　）

2. "$\exists x \in M$，使 x 具有性质 $p(x)$"与"$\forall x \in M$，x 不具有性质 $p(x)$"的真假性相反。（　　　）

3. 从存在量词命题的否定看，其是对"量词"和"$p(x)$"同时否定。（　　　）

4. 命题"非负数的平方是正数"的否定是"非负数的平方不是正数"。（　　　）

导学单

一、解难释疑

题型一：全称量词命题的否定

例1：写出下列全称量词命题的否定。

（1）所有能被3整除的数都是奇数。

（2）每一个四边形的四个顶点在同一个圆上。

（3）对任意 $x \in \mathbf{Z}$，x^2 的个位数字不等于3。

跟踪训练1：写出下列全称量词命题的否定，并判断其真假。

（1）所有的矩形都是平行四边形。

（2）$\forall x \in \mathbf{R}$，$|x| \geq x$。

（3）$\forall x > 0$，$\sqrt{x}$ 为正数。

题型二：存在量词命题的否定

例2：写出下列存在量词命题的否定。

（1）$\exists x \in \mathbf{R}$，$x + 2 \leq 0$。

（2）有的三角形是等边三角形。

（3）有一个偶数是素数。

跟踪训练2：写出下列存在量词命题的否定，并判断其真假。

（1）有的素数是偶数。

（2）$\exists x \in \mathbf{R}$，使 $x^2 + x + \dfrac{1}{4} < -0$。

（3）至少有一个实数 x，使 $x^3 + 1 = 0$。

二、拓展提升

题型三：全称量词命题与存在量词命题的综合应用

例3：命题"$\exists x \in \mathbf{R}, 2x^2 + 3x + a \leq 0$"是假命题，则实数 a 的取值范围是_____。

跟踪训练3：已知命题"$\forall x \in \mathbf{R}, ax^2 + 2x + 1 \neq 0$"为假命题，求实数 a 的取值范围。

三、课堂小结

1. 知识清单：

（1）全称量词命题、存在量词命题的否定。

（2）命题真假的判断。

（3）全称量词命题与存在量词命题的综合应用。

2. 方法归纳：转化法。

3. 常见误区：否定不唯一，命题与其否定的真假性相反。

限时检测单

（限时 10 分钟，每题 20 分，共 100 分）

1. 命题"$\forall x \geq 0, x^3 + x \geq 0$"的否定是（   ）。

A. $\forall x > 0, x^3 + x < 0$ 　　　　　B. $\forall x > 0, x^3 + x \geq 0$

C. $\exists x_0 \geq 0, x_0^3 + x_0 < 0$ 　　　　D. $\exists x_0 \geq 0, x_0^3 + x_0 \geq 0$

2. （多选）对下列命题的否定，其中说法正确的是（   ）。

A. p：$\forall x \geq 3, x^2 - 2x - 3 \geq 0$；$p$ 的否定：$\exists x \geq 3, x^2 - 2x - 3 < 0$

B. p：存在一个四边形的四个顶点不共圆；p 的否定：每一个四边形的四个顶点共圆

C. p：有的三角形为正三角形；p 的否定：所有的三角形不都是正三角形

D. p：$\exists x \in \mathbf{R}, x^2 + 2x + 2 \leq 0$；$p$ 的否定：$\forall x \in \mathbf{R}, x^2 + 2x + 2 > 0$

3. 下列四个命题中，真命题是（　　　）。

A. $\forall x \in \mathbf{R}$，$x + \dfrac{1}{x} \geqslant 2$ 　　　　B. $\exists x \in \mathbf{R}$，$x^2 - x > 5$

C. $\exists x \in \mathbf{R}$，$|x+1| < 0$ 　　　　D. $\forall x \in \mathbf{R}$，$|x+1| > 0$

4. 命题"存在一个三角形没有外接圆"的否定是：

_____

_____。

5. 若命题"$\forall x \in \mathbf{R}$，$x^2 - 4x + a \neq 0$"为假命题，求实数 a 的取值范围。

6.（附加题）已知集合 $A = \{x \mid 0 \leqslant x \leqslant a\}$，集合 $B = A = \{x \mid m^2 + 3 \leqslant x \leqslant m^2 + 4\}$，如果命题"$\exists m \in \mathbf{R}$，使得 $A \cap B \neq \varnothing$"为假命题，求实数 a 的取值范围。

高中数学新授课模式（二）

教学模式

一、创设情境

通过物理中的路程和位移情境导入，让学生思考问题，引出本节新课内容，使学生兴趣盎然地进入教学情境，激发学生学习兴趣。

二、呈现目标

根据教材结构与内容分析，考虑学生的认知结构，制订目标，主要包含本节课的学习目标和数学核心素养。目标的设置与"三单"内容保持一致，对接高考试题。

三、预习检测

根据教材结构和内容分析，本节是平面向量的起始课，概念多但不难理解，考虑到学生已有的认知结构和心理特征，可以让学生通过预习掌握向量的概念及其表示方法，并能利用它们解决相关简单问题，所以在预习单部分，我们利用两个情境探究得出平面向量的概念，让学生根据环环相扣的思考题，探究平面向量的表示，引导学生构建平面向量概念的知识体系，在此基础上，对学生预习内容进行初步检测，实现基础知识的自主学习，先学后教，以学定教。

四、解难释疑

学生和教师共同探究完成 4 个例题。利用例题引导学生掌握本节课知识，并能够灵活运用。例题的几种题型可以加深学生对基础知识的理解，并使学生能够灵活运用基础知识解决具体问题，巩固基础知识，发散学生思维，培养学生思维的严谨性和对数学的探索精神。

五、拓展提升

在巩固基础知识的前提下，加强学生对教学内容的深入理解，增加习题难度，在深度和广度上培养学生的探究意识和探究兴趣，使学生建立科学的思维方法和探究方法，在认识问题和解决问题的能力上得到提高，促进学生均衡而有个性地发展。这些具体体现在本节课的能力提升题型上。

六、课堂小结

学生回顾本节课知识点，教师补充，让学生掌握本节课知识点，并能够灵活运用。

七、限时检测（最后 10 分钟）

巩固学生对本节课知识点的掌握，同时通过得到的反馈，也可清楚了解学生的掌握情况。学生学完后应该对本课所学知识加深理解，学会应用。本环节设计如下：

（1）学生答题 7 分钟。

（2）学生核对答案，在 1~2 分钟内完成互改。

（3）教师讲评重难题和易错题。

▣ 典型课例

"6.1 平面向量的概念"教学设计
（人教版必修第二册）
主备人：左永记

一、学习目标

数学抽象：利用位移和路程的相关情境将平面向量具体化。

逻辑推理：通过课堂探究逐步培养逻辑思维能力。

数学建模：掌握平面向量的相关知识，为空间向量的学习打好基础的同时，能学习利用向量解决实际问题。

直观想象：通过有向线段直观判断平面向量之间的关系。

数学运算：能够正确判断平面向量之间的关系。

数据分析：通过经历"提出问题—推导过程—得出结论—例题讲解—练习巩固"的过程，认识到数学知识的逻辑性和严密性。

二、教学重难点

重点：平面向量的概念、平面向量的表示、平面向量之间的关系。

难点：平面向量的表示、平面向量之间的关系。

三、教学过程

（一）情境引入

情境一：小船由 A 地航行 15 n mile 到达 B 地。试问小船能到达 B 地吗？

情境二：小船由 A 地向东南方向航行 15 n mile 到达 B 地。试问小船能到达 B 地吗？

问：位移和距离这两个量有什么不同？

情境三：物体受到的重力是竖直向下的，物体的质量越大，它受到的重力越大。

情境四：物体在液体中受到的浮力是竖直向上的，物体浸在液体中的体积越大，它受到的浮力越大。

问：你能通过这些物理量得出向量的概念吗？

师生活动：学生思考问题，引出本节新课内容。

设计意图：设置问题情境，激发学生学习兴趣，并引出本节新课。

（二）讲授新课

知识探究（一）：向量的概念

定义：既有大小又有方向的量叫作向量。把只有大小没有方向的量称为数量，如年龄、身高、长度、面积、体积、质量等都是数量。

注：

（1）向量两要素：大小，方向。

（2）向量与数量的区别：

①数量只有大小，可以比较大小。

②向量有方向、大小双重属性，而方向是不能比较大小的，因此向量不能比较大小。

知识链接：物理学中常称向量为矢量，数量为标量。

你还能举出物理学中的一些向量和数量吗？

知识探究（二）：向量的表示

思考：对于一个实数，可以用数轴上的点表示，而且不同的点表示不同的数量。那么，该如何表示向量呢？

思考：根据情境二，你发现位移是怎样表示的？向量怎样表示？

几何表示法：用有向线段表示向量，长度表示向量的大小，箭头所指的方向表示向量的方向。

有向线段三要素：起点、方向、长度。

思考：有向线段是向量，向量就是有向线段。这种说法对吗？向量的大小和方向怎样表示？

字母表示法：大写字母和小写字母。

箭头表示向量的方向，线段的长度表示大小。

知识探究（三）：模、零向量、单位向量

向量$\overrightarrow{AB}$的大小称为向量$\overrightarrow{AB}$的长度（或称模），记作$|\overrightarrow{AB}|$。长度为_____的向量叫作零向量，记作_____；长度等于_____个单位长度的向量，叫作单位向量。

两类特殊向量：零向量和单位向量。

知识探究（四）：相等向量与共线向量

平行向量：方向_____的非零向量叫作平行向量。

（1）记法：向量a与b平行，记作$a \parallel b$。

（2）规定：零向量与任意向量_____。

相等向量：长度_____且方向_____的向量叫作相等向量.

共线向量：任一组平行向量都可以平移到同一直线上，所以平行向量也叫作_____向量。

思考：

（1）平行向量是否一定方向相同？

（2）不相等的向量是否一定不平行？

（3）与任意向量都平行的向量是什么向量？

（4）若两个向量在同一直线上，则这两个向量一定是什么向量？

师生活动：学生根据环环相扣的思考题，探究平面向量的表示。

设计意图：通过思考，培养学生探索新知的精神和能力。

（三）预习检测

判断：

（1）如果$|\overrightarrow{AB}| > |\overrightarrow{CD}|$，那么$\overrightarrow{AB} > \overrightarrow{CD}$。（　　）

提示：向量的模可以比较大小，但向量不能比较大小。

（2）若 *a*，*b* 都是单位向量，则 *a* = *b*。（　　）

提示：*a* 与 *b* 都是单位向量，则 | *a* | = | *b* | = 1，但 *a* 与 *b* 的方向可能不同。

（3）力、速度和质量都是向量。（　　）

提示：质量不是向量。

（4）零向量的大小为 0，没有方向。（　　）

提示：任何向量都有方向，零向量的方向是任意的。

（四）解难释疑

见附件导学单。

师生活动：利用例题引导学生掌握本节课知识，并能够灵活运用。

设计意图：通过例题的几种题型加深学生对基础知识的理解，并使学生能够灵活运用基础知识解决具体问题。

（五）课堂小结

（1）向量的概念。

（2）向量的表示。

（3）向量之间的关系。

（六）限时检测

见附件限时检测单。

四、板书设计

§6.1　平面向量的概念

　　一、情境导入　　2. 向量的表示　　三、课堂小结

　　二、探索新知　　3. 向量之间的关系　　四、作业布置

　　1. 向量概念　　　例 1、例 2

五、课后作业

完成课后练习题。

【点评】

向量是数学中重要和基本的数学概念之一，是沟通代数、几何与三角函数的一种工具。通过向量的学习，学生学会用向量的方法解决某些简单的几何问题、力学问题与其他一些实际问题，运用数学思想、方法和知识，发展运算能力和解决实际问题的能力。问题设置环环相扣，很好地引导学生针对问题进行

思考、讨论，进一步解决问题，达到鼓励学生的良好效果，充分发挥学生的主体作用。根据教学内容，多角度、多层次设置题型探究，全面落实对所学知识的掌握与运用。

附： 教学三单

预习单

一、学习目标

1. 结合物理中的力、位移、速度等具体背景认识向量，掌握向量与数量的区别。

2. 用有向线段、字母表示向量，了解有向线段与向量的联系与区别。

3. 理解零向量、单位向量、平行向量、共线向量、相等向量及向量的模等概念，会辨识图形中这些相关的概念。

二、知识梳理

知识点一：向量的概念

1. 向量：既有_____又有_____的量叫作向量。

2. 数量：只有_____没有_____的量称为数量。

知识点二：向量的几何表示

1. 有向线段

具有_____的线段叫作有向线段，它包含三个要素，即_____、_____、_____，如图所示。

以 A 为起点、B 为终点的有向线段记作 $\overrightarrow{AB}$，线段 AB 的长度叫作有向线段 $\overrightarrow{AB}$ 的长度，记作_____。

2. 向量的表示

（1）几何表示：向量可以用有向线段表示，有向线段的长度表示向量的大小，有向线段的方向表示向量的方向。

（2）字母表示：向量可以用字母 a，b，c，…表示（印刷用黑体 a，b，c，

书写时用 $\vec{a}$，$\vec{b}$，$\vec{c}$）。

3. 模、零向量、单位向量

向量 $\overrightarrow{AB}$ 的大小称为向量 $\overrightarrow{AB}$ 的长度（或称模），记作＿＿＿＿。长度为＿＿＿＿的向量叫作零向量，记作＿＿＿＿；长度等于＿＿＿＿个单位长度的向量，叫作单位向量。

思考：

（1）零向量的方向是什么？

（2）两个单位向量的方向相同吗？

知识点三：相等向量与共线向量

1. 平行向量：方向＿＿＿＿的非零向量叫作平行向量。

（1）记法：向量 **a** 与 **b** 平行，记作 **a**∥**b**。

（2）规定：零向量与任意向量＿＿＿＿。

2. 相等向量：长度＿＿＿＿且方向＿＿＿＿的向量叫作相等向量。

3. 共线向量：任意一组平行向量都可以平移到同一直线上，所以平行向量也叫作＿＿＿＿向量。要注意避免向量平行、共线与平面几何中的直线、线段的平行和共线相混淆。

思考：

（1）不相等的向量一定不平行吗？

（2）平行向量一定是相等向量吗？

（3）若两个向量所在直线平行，则这两个向量一定是什么向量？

三、预习检测

1. 判断题。（对的打"√"，错的打"×"）

（1）两个有共同起点，且长度相等的向量，它们的终点相同。（　　　）

（2）任意两个单位向量都相等。（　　　）

（3）如果 $|\overrightarrow{AB}| > |\overrightarrow{CD}|$，那么 $\overrightarrow{AB} > \overrightarrow{CD}$。（　　　）

（4）零向量的大小为0，没有方向。（　　　）

2. 有下列物理量：①质量；②速度；③位移；④力；⑤加速度；⑥路程。其中是向量的有＿＿＿＿＿＿。

导学单

一、解难释疑

题型探究一：向量的概念

例1：下列说法中正确的是（　　）。

A. 数量可以比较大小，向量也可以比较大小

B. 方向不同的向量不能比较大小，但同向的向量可以比较大小

C. 向量的大小与方向有关

D. 向量的模可以比较大小

跟踪训练1：

给出下列说法：

①零向量是没有方向的；②零向量的长度为0；③零向量的方向是任意的；④单位向量的模都相等。

其中正确的是＿＿＿＿＿（填序号）。

题型探究二：向量的几何表示及应用

例2：一辆汽车从 A 点出发向西行驶了 100 km 到达 B 点，然后又改变方向，向西偏北 50° 的方向行驶了 200 km 到达 C 点，最后又改变方向，向东行驶了 100 km 到达 D 点。

（1）作出向量 $\overrightarrow{AB}$，$\overrightarrow{BC}$，$\overrightarrow{CD}$。

（2）求 $|\overrightarrow{AD}|$。

跟踪训练2：在如图所示的坐标纸上（每个小方格的边长为1），用直尺和圆规画出下列向量。

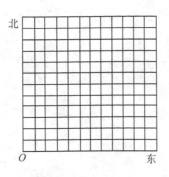

（1）$\overrightarrow{OA}$，使 $|\overrightarrow{OA}|=4\sqrt{2}$，点 A 在点 O 北偏东 $45°$ 方向上。

（2）$\overrightarrow{AB}$，使 $|\overrightarrow{AB}|=4$，点 B 在点 A 正东方向上。

（3）$\overrightarrow{BC}$，使 $|\overrightarrow{BC}|=6$，点 C 在点 B 北偏东 $30°$ 方向上。

题型探究三：相等向量与共线向量

例 3：如图所示，设 O 是正六边形 $ABCDEF$ 的中心。

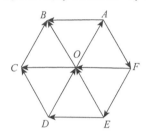

（1）写出图中的共线向量。

（2）分别写出图中与 $\overrightarrow{OA}$，$\overrightarrow{OB}$，$\overrightarrow{OC}$ 相等的向量。

跟踪训练 3：在平行四边形 $ABCD$ 中，E，F 分别为边 AD，BC 的中点，如下图所示。

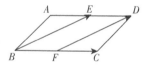

（1）写出与向量 $\overrightarrow{CF}$ 共线的向量。

（2）求证：$\overrightarrow{BE}=\overrightarrow{FD}$。

能力提升：特殊向量的作用

典例：给出下列命题：

①若 $\boldsymbol{a}/\!/\boldsymbol{b}$，则 $\boldsymbol{a}$ 与 $\boldsymbol{b}$ 的方向相同或相反；

②若 $\boldsymbol{a}/\!/\boldsymbol{b}$，$\boldsymbol{b}/\!/\boldsymbol{c}$，则 $\boldsymbol{a}/\!/\boldsymbol{c}$；

③若两个模相等的向量互相平行，则这两个向量相等；

④若 $\boldsymbol{a}=\boldsymbol{b}$，$\boldsymbol{b}=\boldsymbol{c}$，则 $\boldsymbol{a}=\boldsymbol{c}$。

其中正确的是_____。（填序号）

二、课堂小结

1. 向量的概念。

2. 向量的表示。

3. 向量之间的关系。

限时检测单

（限时 10 分钟，每题 20 分，共 100 分）

1. 下列说法正确的是（   ）。

A. 若 *a* 与 *b* 平行，*b* 与 *c* 平行，则 *a* 与 *c* 一定平行

B. 终点相同的两个向量不共线

C. 若 |*a*| > |*b*|，则 *a* > *b*

D. 单位向量的长度为 1

2. 已知 *A*，*B*，*C* 是不共线的三点，向量 *m* 与向量 $\overrightarrow{AB}$ 是平行向量，与 $\overrightarrow{BC}$ 是共线向量，则 *m* = _____。

3. 如果在一个边长为 5 的正 △*ABC* 中，一个向量所对应的有向线段为 $\overrightarrow{AD}$（其中 *D* 在边 *BC* 上运动），则向量 $\overrightarrow{AD}$ 长度的最小值为_____。

4. 下图是 3×4 的格点图（每个小方格都是单位正方形），若起点和终点都在方格的顶点处，则与 $\overrightarrow{AB}$ 平行且模为 $\sqrt{2}$ 的向量共有_____个。

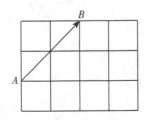

5. 如图所示，△*ABC* 中三边长均不相等，*D*，*E*，*F* 分别是 *AC*，*AB*，*BC* 的中点。

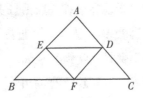

（1）写出与 $\overrightarrow{AD}$ 共线的向量。

（2）写出与 $\overrightarrow{AD}$ 长度相等的向量。

（3）写出与 $\overrightarrow{AD}$ 相等的向量。

高中英语视听课模式

🔖 教学模式

一、课堂导入

视听课是每个单元中的最后一课，是大单元主题语篇的拓展和延伸。导入环节采取将回顾单元语篇之间的联系和创设与视听课有关的情境话题两方面相结合的方式，可以激发学生的学习兴趣，将学生快速、有效地带入语篇。

二、展示本节课学习目标

在进入具体学习前，让学生诵读本节课学习目标，对即将学习的内容所要达到的要求建立心理预设，同时了解本节课在高考中的地位和作用，在学习中能够做到有的放矢。

三、处理预习单

视听课通常以原版大段视听视频为主要形式，内容中有较多的口语表达，词汇量较大。预习单的设计旨在让学生初步预习视听中的高频词汇，并设计与主题有关的思考题让学生在思维和心理上做好准备。

四、课堂导学

目标导学一：分段多次视听，完成相关听后任务

由于视听视频较长，内容较多，课本编辑通常将内容分为两至三部分，建议保留课文分段，根据所教学生具体学情，提高或降低听后任务的难度和要求。

目标导学二：内化视听内容，实现语言输出

单元主题语境下的视听，主要任务就是延伸拓展，激发学生学习兴趣，提升学生听说能力，通过口头表达或写作的方式，个人或团队合作的模式，训练学生将所看所听通过语言操练进行输出，达到教学目标。

五、课堂小结

思维导图是一种有效的回顾复习方式，它能够清晰地显现本节课所学内容框架。鼓励学生借助思维导图，总结本节课所学重点，由其他学生进行评价，教师进行补充总结，并在育人价值方面进行升华。

六、限时检测（最后 10 分钟）

课上限时检测是高效课堂模式中必不可少的重要环节，也是检测本节课教学效果的重要手段之一。视听课限时检测通常采用段落写作的模式，让学生在进行语言输出的同时，对本节课所看所听的内容进行操练，引发深入思考，达成学习目标。

⊜ 典型课例

2019 年版北师大版高中英语选择性必修第一册 Unit 2 Success Viewing Workshop Success Is a Continuous Journey 教学设计

主备人：李明

一、主题意义

该文本是 Richard St. John 在 Ted 演讲的原文，在演讲中他以自己在事业上的起伏的亲身经历为主要内容，向同学们展示了成功的八要素以及成功不是一条单向路，而是一段持续的环形旅途，属于"人与自我"的主题。

二、主要内容

在演讲中，Richard St. John 首先分析了很多人在成功之后再次失败的原因，接着用自己的切身体会呈现出自己在事业成功和失败的过程中的心理变化，最后分享了学到的道理：成功的关键不在于如何达到成功，在成功之后如何持续下去才是保持成功的秘诀。

三、文体结构

该文本是一篇演讲稿，主体部分主要由三段构成：第一段是成功之后又失败的原因分析；第二段是演讲的主要部分，具体介绍了 Richard St. John 在实现成功的过程中和成功后所采取的实际行动和心理变化；第三段是结束语，通过描述事业衰落过程中遇到的麻烦、解决方式及再次获得成功的心理变化，感悟出金钱与幸福的关系，以及成功的秘诀。

此演讲是一个 Ted 演讲视频，因此口语中使用非正式文本的口语表达方式，如 hey，guy，cause，oh，you know，well，doc，yeah，wanna 等。

作者在描述成功秘诀时使用了一系列短语，如 lead up to...，make it，stop doing...，happen to...，come up with...，focus on...，pour in，get distracted by...，after all，have fun，in the end，follow the principles；在描述中应用了一些介词，如 in（our comfort zone），on（the phone），to（my stockbroker）。

四、教学意图

让学生明白成功的八要素以及成功的秘诀，在实际生活中要正确看待成功，明白成功不是一条单行道，而是一段持续的旅程，从而帮助学生树立正确的成功观。

五、教学目标

在本课结束时，学生能够：

（1）获取 Richard St. John 演讲视频的关键信息。

（2）根据演讲视频的大意和结构，制作思维导图，完成演讲稿的梗概。

（3）参考思维导图结构，发表主题演讲，完成语言输出。

六、教学重难点

1. 重点

（1）通过观看、听 Richard St. John 的视频演讲，掌握演讲内容。

（2）绘制思维导图，为语言输出做好铺垫。

（3）培养正确的成功观。

2. 难点

（1）通过看、听获取大量有效信息并作出判断、梳理、整合。

（2）基于演讲内容，表达自己对于成功秘诀的看法。

七、教学过程

教学活动与步骤	设计意图	评价要点	时间与互动模式
Step 1 Activate and Share 1. Talk about some representative successful people of this unit and the	通过回顾本单元成功人物以及身边的榜样，概括成功人群共有品质（演讲输出铺垫1），	激活已有相关话题知识储备，预设视频教学内容	CW 5′

续　表

教学活动与步骤	设计意图	评价要点	时间与互动模式
role model in the class, summarize their common qualities. 2. Look at two pictures, ask and answer the question.	激活本单元重点词汇，激发学生兴趣，引入话题"成功秘诀"		
Step 2 Watch Part 1 of the video and do the following exercise. According to Richard St. John, why do many people reach success and then fall? (Choose all reasons)	引导学生通过看和听，获取基本大意，培养学生逆向思维，概括主题大意——如何避免成功后的失败（演讲输出铺垫2），引导学生树立正确的成功观	通过视听，能够作出对演讲大意的正确判断，并能够对所获信息进行加工整理，进行拓展学习	IW&CW 5′
Step 3 Watch Part 2 of the video and answer the questions. What did Richard do in reaching success? What did he do after he achieved success?	引导学生通过发掘Richard在成功途中和成功之后的具体做法，总结Richard获得成功的原因（演讲输出铺垫3）	在视听中找到相应细节，回答问题	IW&CW 4′
Step 4 Watch Part 2 again, finish the given sentence with blanks, and talk about Richard's rise and fall on the road to success.	锻炼学生的语言表达能力，引导学生关注演讲重复出现的排比句型。Reaching success, Richard _____, but then he _____. 培养学生辩证思维和总结概括的能力，与Step 3衔接，积累目标词汇和语言	学生能够通顺流畅地总结概括	IW 4′
Step 5 Watch Part 3 of the video. Answer the questions.	引导学生通过视听，找到Richard的问题和解决问题的方法。同时	在视听中明确找到相关信息回答问题，并能	IW&CW 8′

续 表

教学活动与步骤	设计意图	评价要点	时间与互动模式
1. What problems did Richard have after his business went downhill? 2. What did he do to solve them? Were his problems solved?	建立和 Lesson 1 中话题"金钱与幸福"的联系，并概括出 Richard 的演讲总结（演讲输出铺垫4）	够和单元内其他语篇相联系，逐步创建演讲语言输出的框架结构	
Step 6 Review the 3 main parts and useful expressions, draw a mind map with the given topic, and exchange with group members.	引导学生关注视频演讲的层次结构，梳理演讲要点，为语言输出做准备	学生能够根据关键语句判断演讲风格，回顾语言特点	IW&CW 4′
Step 7 Express Yourself Make a speech on the topic "Success is not only how we achieve success, but also how we sustain it."	激活学生已有语言知识，拓展语言储备，进行口语表达练习，实现语言输出	学生能够条理清晰地表达个人的成功观，同时激活演讲中的目标词汇和句型	PW&CW 10′
Homework Writing: Please write a short passage to share your understanding of "Success is not only how we achieve success, but also how we sustain it" according to your experience or the story of Richard.			

八、教学反思

本节课是北师大版新教材中新增加的视听课，所以设计时想要达到的教学目标之一就是让学生通过看、听来理解文本，进而通过表达来实现语言输出。《普通高中课程标准（2017 年版 2020 年修订）》中指出"学生对主题意义的探究应是学生学习语言的最重要内容，直接影响学生语篇理解的程度、思维发展的水平和语言学习的成效"。听、读、看是理解性技能，说和写是表达性技能，理解性技能和表达性技能在语言学习过程中相辅相成、相互促进。

不同课型的课有不同的教学要求和教学目标，视听课的加入是为了增加英语学习的趣味性，开阔学生视野，丰富英语学习。学生只需要通过看和听，大概理解视频内容就已经达到了学习目标，如果更进一步，能够通过语言表达输出，进行批判性思维，表达自己的看法，那就非常不错了。因为教学视频中是原汁原味的英语，语言比较有特点，有日常口语中常用的俚语、缩略语、非正式用语以及一些超纲词汇，我们不能像精读一样，把所有的语言知识都进行深度挖掘，甚至教会学生掌握所有的生词、语言现象、句型，这都是没有必要的。作为教师，我们要对视听这样的课型进行精准把握，把它上成一节轻松、愉快、让学生充满英语学习兴趣的课。

本节课的课下作业布置的是一个短篇写作，主要考虑到本节课的话题是"成功"，无论是议论文写作，还是人物写作，都是非常常见的话题，如果学生能够通过此次短篇写作，增加对"成功"这一主题的深刻认识，也是非常有意义的。

附： 教学三单

预习单

1. Please preview the following vocabularies before class.

candid _____   illustrate _____

persistent _____   client _____

sustain _____   stockbroker _____

real estate _____   agent _____

outwardly _____   inwardly _____

anti-depressant _____   fade _____

Prozac _____   syndrome _____

2. Review the successful people learnt in this unit, and summarize their common qualities. (Adjectives and phrases are allowed)

_____

_____

_____

3. Look at pictures A and B, and share your understanding of success.

_____

_____

_____

导学单

Ⅰ. While Viewing.

1. Watch Part 1 of the video and do the following exercise.

Why do many people reach success and fall?

A. They are not persistent.

B. They think success is a one-way street.

C. They stop doing everything that leads up to success after they achieve it.

D. They figure they've made it, and then they sit back in their comfort zone.

Critical thinking: According to Richard's experience, what should we do to avoid falling after success?

_____

_____

2. Watch Part 2 of the video and answer the questions. What did Richard do in reaching success? What did he do after he achieved success? (Complete the sentences with given clues)

Reaching success, Richard _____, but then he _____.

a. did what he loved

b. worked hard and pushed himself

c. was good at coming up with good ideas

d. focused on clients and projects, and ignored the money

e. sat back and relaxed

f. got distracted by money

g. thought ideas come like magic

h. got into stuff that he didn't love, like management

Critical thinking: How can we achieve success?

_____

_____

3. Watch Part 3 of the video. Answer the questions.

(1) What problems did Richard have after his business went downhill?

_____

_____

(2) What did he do to solve them? Were his problems solved?

_____

_____

(3) What did he find about the relationship between being happy and being rich? Is this idea similar to the ex-millionaire Jason Harley?

_____

_____

(4) What is the conclusion he makes at the end of his speech?

_____

_____

Ⅱ. After Viewing.

1. Draw a mind map about the outline of Richard's speech.

2. Express yourself.

Make a speech on the topic "Success is not only how we achieve success, but also how we sustain it."

限时检测单

(限时 10 分钟，共 20 分)

Writing

Supposing you're Li Hua, and you're going to participate in a writing competition. Please write a short essay on the topic "Success is not how we achieve success, but also how we sustain it."

高中英语阅读课模式

教学模式

一、新课导入

本环节的目的是做好阅读准备，引起阅读兴趣，激发阅读动机。新课导入通常有下列几种方式：

（1）背景介绍式。这种方法适用于涉及外国文化，如历史、地理、风俗习惯等题材的文章。背景介绍可以采用图片展示，播放录像、声音等方式。

（2）谈论式。教材中有不少文章的话题与日常生活密切相关，如地震、火灾、吸烟、飓风等，上课前组织学生谈论与课文相关的话题，能激活学生头脑中的生活体验，以便在阅读中建构起联系。

（3）复习式。教材中大部分单元对话课内容与阅读课密切相关。上阅读课前，可以通过复习来引入新课。

（4）问题式。通过问一些与文章内容有关的问题，引起学生的好奇心和求知欲，也是引入新课的好办法。

二、呈现教学目标

在课堂教学伊始，教师或者学生自己提出本节课的目标，开门见山，使学生马上进入学习状态，知道自己接下来要做什么，怎样做，能有效提高课堂教学实效。

三、阅读过程

在这一环节帮助学生弄清课文的结构和具体内容，引导学生弄清作者的写作意图。教师可以设计数个微型任务，构成任务链，要求学生以个人或小组形式，采用下面三个环节来完成任务。

1. 扫读理解

该环节要求学生快速阅读课文，从整体上把握课文脉络，理解课文大意，找出主题句、关键词，使学生对文章的内容、结构和作者的写作意图有一个整体印象。教师可用以下方法来检测学生的任务完成情况：

（1）选出与课文内容相对应的标题或图片。

（2）课文主要信息正误判断，即 True or false 练习。

（3）要求学生回答一些有关课文内容的综合性问题。

2. 跳读

在该环节中，教师可以根据阅读课文中的特定信息预先设计一个或几个问题，如 When…，Where…，How many times… 等，引导学生围绕这些问题有重点地进行查读，找出问题的范围，提高学生的阅读速度。

3. 细读赏析

在该环节中，教师要引导学生带着审美的观点认真阅读全文，了解文章的细节、段落大意及段落之间的联系，促进学生对篇章结构的理解。教师可以设计以下任务来检测学生的阅读效果：

（1）要求学生回答一些关于课文的细节问题。

（2）要求学生根据课文内容填写各类图表。

当然，在各环节的任务完成过程中，教师要随时提醒学生注意阅读速度，并根据不同的阅读方法和任务，向学生提出不同的阅读速度要求。

四、阅读后

完成以上任务后的阅读后活动包括两个方面。

1. 课文的巩固及深入

任务型课堂为了巩固所学知识所进行的活动侧重于语言的意义，且伴有现实场景。这一步骤的活动多以小组活动或班集体活动为主，通过设置现实场景，让学生在生活化的情境中，运用所学知识进行交流，从而进一步巩固所学知识。

2. 课文学习的延伸

这一环节多由教师设置一个题目，学生在小组内进行讨论，这样有助于让全班学生都获得锻炼的机会。然后，在全班范围内进行交流，大家共同分享成果。

五、课堂小结

引导学生回顾本节课主要内容，利用思维导图的方式强化学生所学的知识，形成知识框架。

六、限时检测

限时检测是对本节所学内容的掌握程度所进行的一种测试，必要且有价值。阅读课的限时检测形式一般是以阅读题目训练或者构建思维导图等方式来对课堂上所用到的阅读策略进行测试的，如通过绘制思维导图检测学生对篇章结构和细节内容的理解程度，或通过阅读训练来检测学生的阅读理解能力。

典型课例

2019 年版北师大版高中英语必修第三册 UNIT 7 Art Lesson 3 *A Musical Genius* 教学设计

主备人：任晓飒

一、教材分析

本节课是高中英语第三册 Unit 7 Art 的第三课 *A Musical Genius*，课型是阅读课，介绍了伟大的音乐家贝多芬的故事。贝多芬大家都很熟悉，但其是如何创作 D 小调第九交响曲以及第一次登台演出的故事却鲜为人知。本课就讲述了失聪后的贝多芬如何创作出 D 小调第九交响曲以及在第一次演出中大获成功，获得全场观众的喝彩，观众对于他失聪的事感到很震惊的故事，借此来表现音乐奇才贝多芬的伟大精神。通过本节课的学习，让学生了解音乐天才贝多芬的故事，告诉学生不管面对什么困难，永不言弃才是克服困难的办法。

二、学习目标

语言能力：理解文章大意，找出关键信息。

思维品质：对篇章进行结构化整理并绘制思维导图。

文化意识：了解音乐天才贝多芬的故事。

学习能力：利用思维导图解决七选五文本中的问题。

三、教学重难点

重点：对篇章进行结构化整理并绘制思维导图。

难点：利用思维导图解决实际阅读中的问题。

四、教学过程

活动一：让学生了解文章主旨。

Step1 Warming Up & Lead-in

Activate and share：

（1）Play the Symphony No. 9 in D minor and let students guess who composed it.

（2）What do you know about Ludwig van Beethoven? Complete the quiz in Preview-check.

设计意图：采用任务型活动锻炼学生的材料收集、整理能力，同时激发学生参与课堂的热情和积极性。

Step2 Fast-reading

Read the article quickly and find out the main idea of the passage.

设计意图：通过快速阅读，让学生关注对文章主旨大意的掌握，进而帮助学生更好地理解文章，继而把握整篇文章。

Step3 Deep-reading

（1）Read the story. Fill in the blanks in the activity.

（2）Use a graphic organiser to organise the information you find.

设计意图：活动一有助于学生深层次把握文章细节内容，帮助学生建立起上下文的关系，同时帮助学生理解文章主旨和细节，以提高学生深度阅读理解的能力。

活动二：让学生利用表格信息绘制文章的思维导图，有利于学生对文章结构的把握，为下一步的练习做铺垫。

Step4 Post-reading

Activity1 Try to draw a mindmap of Passage B.

Activity2 Try to answer the following questions based on the mindmap.

设计意图：引导学生绘制思维导图，并且利用思维导图中的结构性信息解决阅读中的具体问题。

Step5 Timed test

Finish the exercise of Gap-filling.

设计意图：学以致用，限时考试。

Summary&Homework：

Summarize what we have learnt in this class. Finish the homework on Page 93.

设计意图：课堂总结，布置作业。

附 教学三单

预习单

What do you know about Ludwig van Beethoven? Complete the quiz.

1. What is Beethoven most famous for? (   )

A. His piano performance.

B. Conducting orchestras.

C. Composing music.

2. Where was Beethoven born? (   )

A. In Germany.

B. In Canada.

C. In France.

3. What big challenge did Beethoven face? (   )

A. He became deaf.

B. He became blind.

C. He was unable to walk.

4. How many pieces of music did Beethoven write? (   )

A. More than 100.

B. More than 200.

C. More than 300.

导学单

Ⅰ. Reading comprehension （阅读理解）

Activity 1：What's the main idea of the text?

Activity 2：Try to find out more detailed information and fill in the blanks.

General
information
（Para.1）
→
a great_____in the history of music.
In his twenties, he lost his_____.
In all his lifetime, he wrote more than_____, including_____in D minor.

Composition of
Symphony No. 9
（Para.2）
→
Having spent_____writing his ninth symphony, he completed it
in_____in Vienna, Austria, with the_____added to the score.

First performance
of Symphony No.9
（Paras.3–6）

Beethoven was afraid that the performance would be_____.

Audience:_____loudly as Beethoven walked onto the stage
Director Michael: Skillfully_____the orchestra
Beethoven:_____on the stage;_____willdly;
_____the pages of his score.

Audience:_____to their feet, clapping, cheering and_____their hats
Beethoven: Continuing_____; his head_____in the score
Caroline: Happy with the success.

Activity 3：Can you draw a mindmap to organize and illustrate the information in the text?

Ⅱ. Expansion and application（拓展运用）

Activity 1：Try to draw a mindmap of Passage B.

Passage B

Many studies link music study to academic achievements. But what is it about music training that seems to be associated with great success in other fields?

I put the question to experts in industries from tech to finance to media, all of whom had past lives as musicians. Alan Greenspan, former chairman of the Federal Reserve, was a professional saxophone（萨克斯管）player. The billionaire Bruce Kovner is a pianist who took classes at Juilliard（茱莉亚音乐学院）. Almost all made a connection between their music training and their professional achievements. Mr. Greenspan says, "I can tell you as a statistician, the possibility that they are not connected is extremely small. The important question is：Why does that connection exist?"

Paul Allen, the billionaire co-founder of Microsoft, offers an answer. He says music "builds up your confidence in the ability to create". The music had the emotional similarity to his day job, with each giving a different type of motivation. The NBC chief White House correspondent Chuck Todd says there is a connection between years of practice and competition and what he calls the "drive for perfection". He adds, "The group playing trains you to play well with others, to know when to solo (独奏) and when to follow."

For many of the high achievers I spoke with, music functions as a "hidden language", one that improves the ability to connect various or even contrary ideas. According to him, music may not make you a genius or a better person, but it helps train you to think differently, to process different points of view-and most importantly, to take pleasure in listening.

Activity 2: Try to answer the following questions based on the mindmap.

1. How does the author mainly prove his idea in the text? (   )

A. By comparing different facts.

B. By debating and concluding.

C. By self-questioning and answering.

D. By offering concrete examples.

2. What can be the best title of the text? (   )

A. Music contributes to success

B. Music is the universal language

C. Music can change your career

D. Music is linked to academic success

限时检测单

（限时 7 分钟，共 10 分）

(2020 全国Ⅲ，七选五)

A housewarming party is a special party to be held when someone buys or moves into a new apartment or house. The person who bought the house or moved is the one who throws the party. The party is a chance for friends and family to congratulate the person on the new home. __1__ And it is a good time to fill the new space with love and hopefully presents.

__2__ Some people register a list of things they want or need for their new home at a local store or stores. Some common things people will put on a gift registry include kitchen tools like knives and things like curtains. Even if there isn't a registry, a good housewarming gift is something to decorate the new house with, like a piece of art or a plant.

__3__ This is often appreciated since at a housewarming there isn't a lot of food served. There are usually no planned activities like games at a housewarming party. The host or hostess of the party will, however, probably give all the guests a tour of their new home. Sometimes, because a housewarming party happens shortly after a person moves into their new home, people may be asked to help unpack boxes. __4__

Housewarming parties get their name from the fact that a long time ago people would actually bring firewood to a new home as a gift. __5__ Now most homes have central heating and don't use fires to keep warm.

A. This isn't usual though.

B. It is traditional to bring a gift to a housewarming party.

C. You can also bring food or drinks to share with the other guests.

D. If you're lucky enough to receive gifts, keep them in a safe place.

E. It also gives people a chance to see what the new home looks like.

F. The best housewarming parties encourage old friends to get together.

G. This was so that the person could keep their home warm for the winter.

高中物理专题课（新授课）模式

教学模式

一、目标展示

随着教育模式的不断改革和深化，适应新高考的教学模式得到了全方位的推进和发展，传统的物理教学模式已经达不到新高考形势对教育理念的要求，所以我们需要针对新高考对物理教学的新要求，适时调整教学目标，研究出高中物理教学模式的具体转变方向，在新高考背景下提升高中物理的教学水平。

二、预习检测核对

鉴于高中物理知识的重难点，以及高考对物理能力的要求，对知识的综合把握显得尤为重要，尤其是专题类的课题既是高考热点又是学生学习的难点，所以必要的知识储备是学好专题课，实现能力拔高的关键性前提。

三、课堂引入

通过生活情境、实验视频、游戏等形式设置情境，引出新授知识，或通过复习回顾实现温故知新，使学生自然进入教学情境，激发学生学习兴趣的同时调动学生学习的积极性。

四、重点探究

将专题分类型，由简入难，层层递进，满足学生求知欲的同时，增强学生的自信心，并通过分层教学，实现"跳一跳，摘到桃子"的教学效果。

类型一：基础模型的呈现，形成一定的做题思路。

类型二：条件增改，实现深度学习。

类型三：自我总结、小组讨论实现举一反三，学以致用。

五、直击高考

回归高考，揭开高考的神秘面纱，将高考考查的知识还原为其本来的面目，使学生能够实现"掰开了，揉碎了"的深度消化，并使学生消除对高考的惧怕情绪，明白"不积跬步，无以至千里"的道理。

六、课堂小结

学生自主总结本节课的收获，教师给予适当补充和点拨，培养学生归纳总结问题的能力，使学生形成完整的知识体系，实现拔高的效果。

七、限时检测

教育教学的最终目标是培养学生发现问题并自主解决问题的能力，让学生带着问题走入课堂，带着办法走出课堂。本环节作了如下设计：

（1）学生自主做题 7 分钟。

（2）学生核对答案，在 1～2 分钟内完成互改。

（3）教师统计学生做题结果，完成课堂评价，讲评重难题和易错题。

典型课例

第四章牛顿运动定律"动力学中临界问题的应用——板块模型"教学设计

主备人：柴菁 审核人：王亚鸽

一、目标展示

1. 教学目标

（1）知道板块模型中临界状态的标志以及对应的临界条件。

（2）知道板块模型的特点，掌握板块模型中的"一个转折两个关联"，形成物理建模的思维方式。

（3）掌握板块模型中临界条件的应用，结合生活中的实际问题学以致用。

2. 学科核心素养

（1）借助牛顿第二定律揭示运动和力的关系，将物体的运动情况和受力情况通过加速度这个纽带有效地联系起来。

（2）学会建构滑块—木板物理模型，掌握其发生相对滑动满足的条件，并能将相关知识和经验应用于实际的生产生活实践。

3. 教学重难点

（1）滑块—木板模型中有外驱力作用的不同情况下，各物体的受力和运动特点的分析。

（2）滑块—木板模型中关于发生相对滑动的临界条件的理解及应用。

二、预习检测答案核对

练习 1 答案：

$$f_{AB} = 0 \qquad\qquad f_{AB} = \frac{m_B F}{m_A + m_B} \qquad\qquad f_{AB} = \frac{m_A F}{m_A + m_B}$$

练习 2 答案：

$$f_{AB} = F；f_{AB} = 0。$$

三、课堂引入

情境一：

1. 我们在玩扑克牌游戏时，发牌者给玩家发牌时，需要一张一张地发。

2. 课代表去办公室数卷子的时候，为了保证数目正确，需要一张一张地数。

3. 翻书学习的时候，需要一页一页地学习。

情境二：

1. 超市里货梯上需要运送的货物。

2. 工厂流水线上的工件。

3. 过安检时传送带上的行李。

教师活动一：观察或回想这些生活中的场景，其中蕴含着什么物理学知识？

学生活动：思考讨论，发表见解，引出物体间发生相对滑动这一临界问题。

教师活动二：结合实际，以物理学中的滑动—木板模型为例，展开它在动力学临界问题中的应用。

四、重点探究

题目见附件导学单"一、重点探究"。

类型一：有外驱力、地面光滑的滑块——木板模型

已知滑块 m 与木板 M 之间的摩擦系数为 μ，外力 F 从零逐渐增大，会出现哪些运动状态？

1. 外驱力在滑块上

当 $F \leq$ 某个值时，共加速（加速度相同）。

当 $F >$ 某个值时，相对滑动（木板加速度小于滑块加速度）。

这里的某个值如何确定，即滑块、木板发生相对滑动的临界条件是什么？

当共加速时（设木板和滑块间的摩擦力为 f）：

整体法：$F=(m+M)a$

隔离对木板：$f=Ma$

共加速（也就是不发生相对滑动）的要求：$f\leqslant\mu mg$

可以解得 $F\leqslant\dfrac{(M+m)\mu mg}{M}$（这就是所谓的某个值）

2. 外驱力在木板上

当 $F\leqslant$ 某个值时，共加速（加速度相同）。

当 $F>$ 某个值时，相对滑动（木板加速度大于滑块加速度）。

某个值如何确定，即滑块、木板发生相对滑动的临界条件是什么？

当共加速时（设滑块和木板间的摩擦力为 f）：

整体法：$F=(m+M)a$

隔离对滑块：$f=ma$

共加速（也就是不发生相对滑动）的要求：$f\leqslant\mu mg$

可以解得 $F\leqslant(M+m)\mu g$（这就是所谓的某个值）

解析：

（1）整体法：$F=(m+M)a$

隔离对滑块：$f=ma$，且 $f\leqslant\mu mg$

解得：$F\leqslant(M+m)\mu g$

即 $F>16\text{N}$ 时，A、B 开始发生相对滑动。

（2）整体法：$F=(m+M)a$

隔离对木板：$f=Ma$，且 $f\leqslant\mu mg$

解得：$F\leqslant\dfrac{(M+m)\mu mg}{M}$

即 $F>48\text{N}$ 时，A、B 开始发生相对滑动。

深度学习：

若 $F=16\text{N}$，则 $f_{AB}=\mu mg=12\text{N}$。

若 $F=16\text{N}$，则 $f_{AB}=\dfrac{MF}{M+m}=4\text{N}$。

点拨：在判断 A、B 间是否发生相对滑动时，不能主观地认为 $f_0=f_{\max}$。这是许多同学在解决此类问题时常犯的错误，请同学们仔细体会 A、B 相对滑动的条件。

学生活动：反思总结滑块、木板间发生相对滑动的临界条件——滑块和木板之间达到最大静摩擦力。

类型二：有外驱力、地面粗糙的滑块—木板模型

已知滑块 m 与木板 M 之间的摩擦因数为 μ_1，木板与地面之间的摩擦因数为 μ_2，当外力 F 从零逐渐增大时，会出现哪些运动状态？

设滑块 m 与木板 M 之间的最大静摩擦力 $f_1 = \mu_1 mg$，木板 M 与地面之间的最大静摩擦力 $f_2 = \mu_2 (M + m) g$

若 $f_1 > f_2$：

当 $F < -f_2$ 时，一起静止；

当 $f_2 \leq -F \leq -$ 临界值时，一起运动；

当 $F >$ 临界值时，相对运动。

若 $f_1 < -f_2$：

当 $F < -f_1$ 时，一起静止；

当 $F \geq f_1$ 时，相对运动；

五、直击高考

题目见附件导学单"直击高考、解读高考"。

"解读高考"试题解析：

（1）整体法：$F - \dfrac{\mu}{2} \cdot 3mg = 0$，即 $F < \dfrac{3\mu mg}{2}$ 时，A、B 一起静止。

（2）整体法：$F - f_{AB} = 3m \cdot a$

   隔离木板：$f_{AB} - \dfrac{\mu}{2} \cdot 3mg = m \cdot a$

   $f_{AB} \leq \mu \cdot 2mg$

解得 $\dfrac{3\mu mg}{2} \leq F \leq \dfrac{7\mu mg}{2}$ 时，A、B 一起运动。

（3）当 $F > \dfrac{7\mu mg}{2}$ 时，A、B 发生相对滑动。

"拓展学习"试题解析： $f_{AB\max} = \dfrac{\mu}{2} \cdot 2mg = \mu mg$，$f_{B地\max} = \mu \cdot 3mg$

因为 $f_{AB\max} < -f_{B地\max}$，所以木板 B 将无法被驱动。

①当 $F < \mu mg$ 时，A、B 一起静止；

②当 $F \geq \mu mg$ 时，A 开始运动，B 仍静止在地面，即 A、B 间发生相对滑动。

学生活动：小组讨论，总结提升。

六、课堂小结

解决临界问题的基本思路：

（1）认真审题，抓住关键词，从力学或者运动学角度详细分析问题中变化的过程（包括分析整体过程有几个阶段）。

（2）寻找过程中变化的物理量。

（3）探索物理量的变化规律。

（4）确定临界状态，分析临界条件，找出临界关系。

（5）结合牛顿运动定律解决问题。

七、限时检测

见附件限时检测单。

附： 教学三单

预习单

一、知识回顾

1. 模型特点

上、下叠放的两个物体在摩擦力的相互作用下发生相对滑动。滑块—木板模型涉及摩擦力分析、相对运动、摩擦生热，多次相互作用，属于多物体、多过程问题，知识综合性较强，对能力要求较高，故频现于高考试卷中。

2. 临界问题

物体由某种物理状态转变为另一种物理状态时，所要经历的某种特殊的转折状态，称为临界状态。这种从某种状态变成另一种状态的分界点就是临界点，此时的条件就是临界条件。

3. 板块模型中的临界

滑块与木板存在相对运动或相对运动趋势，所以对摩擦力的分析很重要。

（1）滑块与木板如果速度不相同，则它们之间存在滑动摩擦力，应用隔离法分析各自的加速度。

（2）滑块与木板如果速度相同，即没有发生相对滑动，则它们之间一般存在静摩擦力或者无摩擦力，应用整体法求出它们的共同加速度。

（3）两物体的速度相等是静摩擦力与滑动摩擦力突变、摩擦力的大小或方向发生突变的临界点，此临界点加速度会发生突变，从而将运动划分为多个过程。临界点前后的受力分析和运动分析是重中之重。

二、预习检测

练习1. 试分析下列模型中A、B间是否存在摩擦力。如果存在，摩擦力是多少？（水平面光滑，A、B间摩擦因数为μ，质量分别为m_A，m_B，拉力F已知）

一起向右匀速　一起向右匀加速　一起向右匀加速

练习2. 试分析下列模型中A、B间是否存在摩擦力。如果存在，摩擦力是多大？（水平面粗糙，A、B间摩擦因数为μ，质量分别为m_A，m_B，拉力F已知）

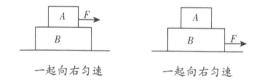

一起向右匀速　　　　　一起向右匀速

导学单

一、重点探究

典例1：如图所示，物体A放在物体B上，物体B放在光滑的水平面上，已知滑块A质量为$m=6$kg，木板B质量为$M=2$kg，A、B间动摩擦因数$\mu=0.2$。现对系统施加一个水平向右的拉力F，假设A、B之间最大静摩擦力等于滑动摩擦力。求：

1. 若把水平拉力F作用在B上，F取何值时，A、B开始发生相对滑动？

2. 若把水平拉力F作用在A上，其他条件不变，F取何值时，A、B开始发生相对滑动？

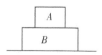

[深度学习]

问：在典例 1 中，若 $F = 16N$，则 A、B 间的摩擦力分别是多少？

二、直击高考

典例 2：如图所示，A、B 两物块的质量分别为 $2m$ 和 m，静止叠放在水平地面上。A、B 间的动摩擦因数为 μ，B 与地面间的动摩擦因数为 $\mu/2$。设最大静摩擦力等于滑动摩擦力，重力加速度为 g。现对 A 施加一水平拉力 F，下列说法正确的是（　　）。

A. 当 $F < -2\mu mg$ 时，A、B 都相对地面静止

B. 当 $F = \dfrac{5}{2}\mu mg$ 时，A 的加速度为 $\dfrac{1}{3}\mu g$

C. 当 $F > 3\mu mg$ 时，A 相对于 B 滑动

D. 无论 F 为何值，B 的加速度都不会超过 $\dfrac{1}{2}\mu g$

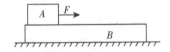

三、解读高考

变式：如图所示，A、B 两物块的质量分别为 $2m$ 和 m，静止叠放在水平地面上。A、B 间的动摩擦因数为 μ，B 与地面间的动摩擦因数为 $\mu/2$。设最大静摩擦力等于滑动摩擦力，重力加速度为 g。现对 A 施加一水平拉力 F，问：

1. 若 A、B 一起静止，则 F 的取值范围是什么？

2. 若 A、B 一起运动，则 F 的取值范围是什么？

3. 若 A、B 发生相对滑动，则 F 的取值范围是什么？

[拓展学习]

如图所示，A、B 两物块的质量分别为 $2m$ 和 m，静止叠放在水平地面上。A、B 间的动摩擦因数为 $\mu/2$，B 与地面间的动摩擦因数为 μ。设最大静摩擦力等于滑动摩擦力，重力加速度为 g。现对 A 施加一水平拉力 F，问：

1. 若 A、B 一起静止，则 F 的取值范围是什么？

2. 若 A、B 发生相对滑动，则 F 的取值范围是

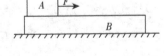

什么？

限时检测单

（限时 10 分钟，共 40 分）

1. （10 分）如图所示，物体 A 叠放在物体 B 上，B 置于足够大的光滑水平面上，A、B 质量分别为 $m_A = 6\text{kg}$、$m_B = 2\text{kg}$。A、B 之间的动摩擦因数 $\mu = 0.2$，设最大静摩擦力等于滑动摩擦力，g 取 10m/s^2。若作用在 A 上的外力 F 由 0 增大到 45N，则此过程中（　　　）。

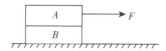

A. 在拉力 $F = 12\text{N}$ 之前，物体一直保持静止状态

B. 两物体开始没有相对运动，当拉力超过 12N 时，开始发生相对运动

C. 两物体从受力开始就有相对运动

D. 两物体始终不发生相对运动

2. （10 分）如图所示，A、B 两物块叠放在一起，放在光滑地面上。已知 A、B 物块的质量分别为 M、m，物块间粗糙。现用水平向右的恒力 F_1、F_2 先后分别作用在 A、B 物块上，物块 A、B 均不发生相对运动，则 F_1、F_2 的最大值之比为（　　　）。

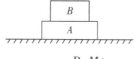

A. $1:1$ B. $M:m$

C. $m:M$ D. $m:(m+M)$

附加题3. （20 分）如图所示，A、B 两个物体静止叠放在水平桌面上，已知 $m_A = m_B = m$，A、B 间的动摩擦因数为 μ，b 与地面间的动摩擦因数为 $\mu/4$。已知最大静摩擦力等于滑动摩擦力，重力加速度为 g。现对 A 施加一水平向右的拉力 F，下列判断正确的是（　　　）。

A. 若 A、B 两个物体始终相对静止，则力 F 不能超过 $\frac{3}{2}\mu mg$

B. 当力 $F = \mu mg$ 时，A、B 间的摩擦力为 $\frac{3}{2}\mu mg$

C. 无论力 F 为何值，B 的加速度都不会超过 $\frac{1}{2}\mu g$

D. 当力 $F > \mu mg$ 时，B 相对 A 滑动

第四章　牛顿运动定律"板块模型中的图像问题"教学设计

主备人：李亚琼　审核人：王亚鸽

一、目标展示

1. 教学目标

（1）熟悉板块模型的运动规律。

（2）学会利用图像法处理板块模型问题。

2. 学科核心素养

（1）从力的相互作用观念、运动观念深入理解力和运动的关系，运用牛顿运动定律和运动学知识求解动力学问题。

（2）建构滑块—木板模型，分析求解动力学图像，切实提高科学思维能力。

3. 教学重难点

（1）更进一步认识板块模型。

（2）能够绘出板块模型中各物体的运动图像。

（3）结合所给出的图像能够反向解决板块模型问题。

二、预习检测答案核对

练习 1 答案：

（1）A 从 B 下抽出前 A、B 的加速度各是 2m/s^2、1m/s^2。

（2）B 运动 2s 后离开 A。

（3）B 离开 A 时的速度大小为 2m/s。

练习 2 答案：$\frac{10}{3}\text{m}$。

三、课堂引入

板块模型在高中物理中占有非常重要的地位，大家请看这道题：2021 年全国乙卷一道 20 分的压轴题就是板块模型的变形，它以导轨为"木板"，以金属棒为"物块"。所以大家务必要重视。今天我们将在以往知识的基础之上，学会利用图像法处理板块模型。现在请大家认真完成导学单的例 1，10 分钟后上台展示。

四、重点探究

见附件导学单"三、深入学习例 1"。

设计意图：以一道中等难度、典型的题作为例 1，启发学生的思维，意在使学生建立起运动学与动力学的联系。

点拨：本题的难点在于从 $v - t$ 图像中获得 a、v、x 等运动学物理量，从而求解出质量之比。

五、直击高考

见附件导学单"三、深入学习例 2"。

设计意图：本节课以高考题作为起点，亦以高考题收尾，但是对于高一的学生，将问题直接抛给他们难度较大，所以笔者将问题进行了分解，设置了梯度性问题，以便对学生进行思维启发。

点拨：本题首先需要确定出 $v - t$ 图像是木板的，从而分析出各个时间段木板的运动及受力情况，以 4s 时撤去水平外力为突破点，从而得到物块与木板间滑动摩擦力的大小，大家结合这两道题试着总结出如何利用图像法处理板块模型问题的方法。

学生活动：小组讨论，总结提升。

六、课堂小结

我们本节课主要学习了利用图像法解决板块模型的问题，我们一起来总结一下：首先我们需要通过图像获得运动的物理量，如 x、v、a 等；利用牛顿第二定律确定物体的合外力，从而求出某一个力或者 m；等等。

七、限时检测

见附件限时检测单。

附： 教学三单

预习单

一、从受力确定运动情况

1. 由受力情况确定运动情况的基本思路

分析物体的受力情况，求出物体所受的合外力，由牛顿第二定律求出物体的加速度，再由运动学公式及物体运动的初始条件确定物体的运动情况。流程图如下：

$$\boxed{\text{已知物体受力情况}} \xrightarrow{F=ma} \boxed{\text{求得 } a} \begin{cases} v = v_0 + at \\ x = v_0 t + \dfrac{1}{2}at^2 \\ v^2 - v_0^2 = 2ax \end{cases} \boxed{\text{求得 } x \text{、} v_0 \text{、} v \text{、} t}$$

2. 由受力情况确定运动情况的解题步骤

（1）确定研究对象，对研究对象进行受力分析，并画出物体的受力分析图。

（2）根据力的合成与分解，求合力（包括大小和方向）。

（3）根据牛顿第二定律列方程，求加速度。

（4）结合物体运动的初始条件，选择运动学公式，求运动学量——任意时刻的位移、速度以及运动时间等。

二、从运动情况确定受力

1. 由运动情况确定受力情况的基本思路

分析物体的运动情况，由运动学公式求出物体的加速度，再由牛顿第二定律求出物体所受的合外力，再分析物体的受力情况，求出物体受到的作用力。流程图如下：

$$\boxed{\text{已知物体运动情况}} \xrightarrow{\text{运动学公式}} \boxed{\text{求得 } a} \xrightarrow{F=ma} \boxed{\text{确定物体受力情况}}$$

2. 由运动情况确定受力情况的解题步骤

（1）确定研究对象，对物体进行受力分析和运动分析，并画出物体的受力示意图。

（2）选择合适的运动学公式，求出物体的加速度。

（3）根据牛顿第二定律列方程，求出物体所受的合力。

（4）选择合适的力的合成与分解的方法，由合力和已知力求出待求的力。

三、预习检测

练习1. 如图所示，厚度不计的薄板 A 长 $l = 5\text{m}$，质量 $M = 5\text{kg}$，放在水平地面上。在 A 上距右端 $x = 3\text{m}$ 处放一物体 B（大小不计），其质量 $m = 2\text{kg}$，已知 A、B 间的动摩擦因数 $\mu_1 = 0.1$，A 与地面间的动摩擦因数 $\mu_2 = 0.2$，原来系统静止。现在板的右端施加一大小恒定的水平向右的力 $F = 26\text{N}$，将 A 从 B 下抽出。$g = 10\text{m/s}^2$，求：

（1）A 从 B 下抽出前 A、B 的加速度各是多大。

（2）B 运动多长时间离开 A。

（3）B 离开 A 时速度的大小。

练习2. 如图所示，物体 A 的质量为 $m_1 = 1.0\text{kg}$，木板 B 的质量为 $m_2 = 5.0\text{kg}$，B 静止在光滑水平面上，某时刻 A 以初速度 $v_0 = 4.0\text{m/s}$ 沿水平方向从左端滑上长木板 B，A 与 B 之间动摩擦因数 $\mu = 0.2$。为使 A 不至于从 B 上右端滑落，求：木板 B 至少为多长？

导学单

一、学习目标

1. 熟悉板块模型。

2. 学会利用图像法处理板块模型问题。

二、核心素养目标

1. 从力的相互作用观念、运动观念深入理解力和运动的关系，运用牛顿运动定律和运动学知识求解动力学问题。

2. 能够建构滑块—木板模型、分析求解动力学图像，切实提高科学思维能力。

三、深入学习

例1. 如图所示，质量为 M 的长木板，静止放在粗糙水平地面上，有一个质量为 m、可视为质点的物块，以某一水平初速度从左端冲上木板。从物块冲上木板到物块和木板达到共同速度的过程中，物块和木板的 $v-t$ 图像分别如图中的折线 acd 和 bcd 所示，a、b、c、d 点的坐标为 a（0，10）、b（0，0）、c（4，4）、d（12，0）。根据 $v-t$ 图像（g 取 $10m/s^2$），求：

（1）物块冲上木板做匀减速直线运动的加速度大小 a_1，木板开始做匀加速直线运动的加速度大小 a_2，达到相同速度后一起匀减速直线运动的加速度大小 a。

（2）物块相对长木板滑行的距离 Δx。

（3）物块质量 m 与长木板质量 M 之比。

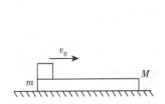
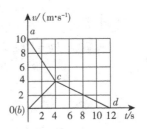

例2. 如图（a）所示，物块和木板叠放在实验台上，物块用一不可伸长的细绳与固定在实验台上的力传感器相连，细绳水平，$t=0$ 时，木板开始受到水平外力 F 的作用，在 $t=4s$ 时撤去外力，细绳对物块的拉力 f 随时间 t 变化的关系如图（b）所示，木板的速度 v 与时间 t 的关系如图（c）所示，木板与实验台之间的摩擦可以忽略，重力加速度取 $g=10m/s^2$，求：

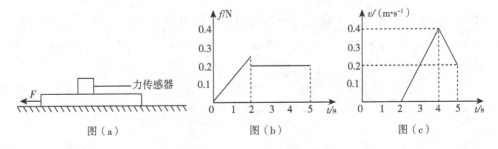

图（a）　　　　　图（b）　　　　　图（c）

（1）写出 $2\sim4s$、$4\sim5s$ 木板的加速度大小，并画出木板对应的受力分析图。

（2）木板的质量。

（3）2～4s 力 F 的大小。

（4）能否求出物块与木块之间的动摩擦因数为多少？

四、反思总结

限时检测单

（限时 10 分钟，共 100 分）

1.（20分）（多选）一长薄木板（厚度不计）静置于足够大的光滑水平面上，一滑块（视为质点）以某一初速度从长木板的一端开始沿长木板运动。已知长木板的质量大于滑块的质量，则从滑块滑上长木板开始计时，滑块与长木板运动的速度—时间图像（$v - t$ 图像）可能为（　　）。

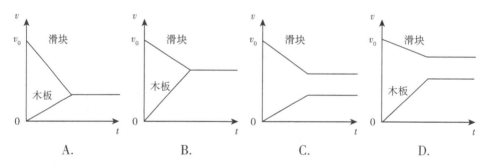

A.　　　　　　B.　　　　　　C.　　　　　　D.

2.（20分）（多选）如图所示，在光滑水平面上有一质量为 m_1 的足够长的木板，其上叠放一质量为 m_2 的木块。假定木块和木板之间的最大静摩擦力和滑动摩擦力相等。现给木块施加一随时间 t 增大的水平力 $F = kt$（k 是常数），木板和木块加速度的大小分别为 a_1 和 a_2。下列反映 a_1 和 a_2 变化的图线中正确的是（　　）。

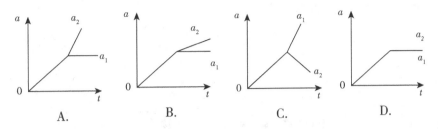

A. B. C. D.

3. （20分）（多选）如图甲所示，足够长的木板静止在光滑的水平面上，在 $t=0$ 时刻，小物块以一定速度从左端滑上木板，之后长木板运动的 $v\text{-}t$ 图像如图乙所示。已知木板质量是小物块质量2倍，$g=10\text{m/s}^2$。由以上条件和数据，可以计算出具体数值的是（　　）。

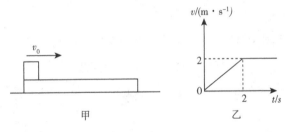

A. 小物块与长木板之间的动摩擦因数

B. 小物块的初速度

C. 木板的最短长度

D. 木板的质量

［选做］（40分）如图甲，一长木板静止于光滑水平桌面上，$t=0$ 时，小物块以速度 v_0 滑到长木板上，图乙为物块与木板运动的 $v\text{-}t$ 图像，图中 t_1、v_0、v_1 已知。重力加速度大小为 g。由此可求得（　　）。

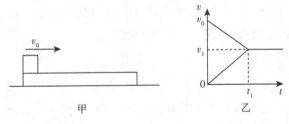

A. 木板的长度

B. 物块与木板的质量之比

C. 物块与木板之间的动摩擦因数

D. 木板的质量

高中化学新授课模式

教学模式

一、课堂导入，展示目标

这是教学的初始环节。教师创设情境，激发学生的求知欲。可以通过复习旧知识或通过生产生活、先进科技、实验、名言警句等，导入新课。然后依据新课标要求展示本节课的学习目标，让学生在满怀兴趣的状态下投入学习。

二、处理预习单

结合课标要求，教师列出自学提纲或提出问题，组织学生提前自学，了解本节课基本内容。

三、合作探究，交流指导

（1）问题探究，教师设计问题组并向学生展示，让学生带着问题，通过小组讨论、集体交流的形式，得出问题的答案。

（2）实验探究。

分组实验：学生在明确实验目的和注意事项的基础上，学习小组内明确分工，然后进行实验操作。实验过程中，学生主动发现问题、讨论问题、解决问题（解决不了可以向教师求助），最后得出结论。

演示实验：教师进行演示实验（或者让学生在台上演示），要求学生认真观察实验现象并做好记录；然后让学生思考讨论，对现象进行解释，得出结论。多个实验可以一起完成，让学生集中讨论，节约时间。

四、课堂小结

在学生合作探究的基础上，学生展示或教师总结，最终达成共识。

五、限时检测（最后 10 分钟）

针对教学目标，出示梯度训练题，进行达标训练，检查教学效果，同时加深学生对所学知识的理解和巩固。对学生存在的问题，及时采取补救措施，对错误进行修正。

检测题目要体现分类指导，异步教学，并尽量当堂完成作业，当堂批阅，做到及时反馈。

典型课例

"第二节 乙烯与有机高分子材料（第1课时）（人教版教材）"
教学设计

主备人：郑会勇

一、课堂导入

生活实例，如果把青橘子和熟苹果放在同一个塑料袋中，系紧袋口，过一段时间后青橘子会变黄成熟吗？

二、教学目标

1. 从生活和生产实际出发，了解乙烯在化工生产中的重要作用，并掌握乙烯的物理性质。

2. 通过对乙烯分子中碳碳双键的键能数据进行分析，推断乙烯的化学性质，掌握乙烯的加成反应和加聚反应的反应机理。

三、处理预习单

见附件预习单。

四、教学新课

环节一：观看模型，认识结构

思考下列问题：

（1）乙烯分子中的4个H与2个C是否共面？共价键的夹角约为多少？

（2）$CH_2=CHCl$、$CH_2=CH-CH_3$ 分子中的所有原子均共平面吗？若共面，共面原子最多有几个，最少有几个？

环节二：现象分析，性质比较

活动一：探究 C_2H_4 的氧化反应

播放乙烯燃烧和与酸性高锰酸钾溶液反应的视频，引导学生描述实验现象，并分析现象产生的原因，以及乙烯的性质与甲烷、乙烷的性质相比有何不同。

活动二：探究 C_2H_4 的加成反应

播放溴的四氯化碳溶液反应的视频，引导学生描述实现现象，并分析现象产生的原因。引导学生思考实验现象与乙烯中的碳碳双键（官能团）的关系。

给出碳碳双键、碳碳单键键能数据，对比分析 C_2H_4 发生加成反应的特点。

活动三：探究 C_2H_4 的加聚反应

形象理解加聚反应：$CH_2\!=\!CH_2 + CH_2\!=\!CH_2 + CH_2\!=\!CH_2 + CH_2\!=\!CH_2 +$ $\cdots \rightarrow \cdots\!-\!CH_2\!-\!CH_2\!-\!CH_2\!-\!CH_2\!-\!CH_2\!-\!CH_2\!-\!CH_2\!-\!CH_2\!-\!\cdots$

环节三：辨别明晰，归纳规律

（1）请同学们尝试书写乙烯与 Cl_2、HCl、H_2O 反应的化学方程式。

（2）写出化学方程式：

①丙烯与溴的四氯化碳溶液反应：_____；

②丙烯在一定条件下加聚生成聚丙烯：_____。

总结加聚反应的规律。

环节四：回扣主题，拓展应用

请思考：乙烯在日常生活和化工生产中有哪些应用？

五、课堂小结

结构决定性质，本节课我们通过对比乙烯和乙烷的结构，发现乙烯有不同于乙烷的氧化反应、加成反应、加聚反应，加成反应双键变单键。

六、限时检测

见附件限时检测单。（最后 10 分钟）

七、板书设计

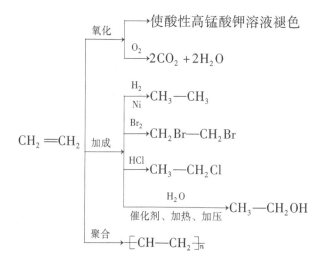

八、教学反思

1. 结构严谨，前后呼应

本课从乙烯催熟水果引入，探究乙烯的结构和性质。教学中蕴含着"结构决定性质，性质反映结构"的化学思想，乙烯的结构和性质相互印证，体现了有机化学学习的基本思维方式。

2. 问题引领，合作探究

本课设计了一系列探究活动，如乙烷与乙烯结构的对比思考、加成原理的探究、加聚反应特点的探究。这些探究活动以问题为引领，唤醒学生探究意识，引导学生寻根究底，让学生在问题解决的过程中体验探究的快乐。在问题引领、合作探究的过程中，将新课程所倡导的"自主、合作、探究"的学习理念融入课堂教学。

附： 教学三单

预习单

乙烯的应用及物理性质

1. 应用：乙烯是石油化工重要的物质基础，通过一系列反应，乙烯可以合成有机高分子材料、药物等。乙烯的产量可以用来衡量一个国家石油化学工业的发展水平。乙烯还是一种植物_____。

2. 物理性质：乙烯为_____、_____稍有气味的气体，溶于水，密度比空气_____。熔、沸点分别为 $-169\ ℃$、$-104\ ℃$。

乙烯的组成与结构

分子式	电子式	结构式	结构简式	分子模型	
				球棍模型	填充模型

乙烯的化学性质

乙烯分子中含有_____，使乙烯表现出较_____的化学性质。

1. 氧化反应

实验	现象
点燃纯净的乙烯	火焰_____且伴有_____，同时放出大量的热
通入酸性高锰酸钾溶液	酸性高锰酸钾溶液_____

（1）乙烯燃烧的化学方程式为_____。

（2）乙烯被酸性 $KMnO_4$ 溶液氧化为_____。

2. 加成反应

（1）乙烯使溴的四氯化碳溶液（或溴水）褪色，反应方程式为_____。

（2）乙烯与 H_2 发生加成反应，反应方程式为_____。

（3）乙烯与 H_2O 发生加成反应，反应方程式为_____。

（4）加成反应概念：有机物分子中的不饱和碳原子与其他_____直接结合生成新的化合物的反应。

3. 聚合反应

乙烯之间相互加成可得到聚乙烯，写出反应方程式：_____。

导学单

活动一：探究 C_2H_4 的结构特点

请思考下列问题：

1. 乙烯分子中的 4 个 H 与 2 个 C 是否共面？共价键的夹角约为多少？

2. CH_2 ＝$CHCl$、CH_2 ＝$CH—CH_3$ 分子中的所有原子均共平面吗？若共面，共面原子最多有几个，最少有几个？

活动二：探究 C_2H_4 的氧化反应

思考与讨论：

1. 为什么甲烷燃烧没有黑烟，而乙烯燃烧有较浓的黑烟？

2. 除去甲烷中的乙烯能否用酸性 $KMnO_4$ 溶液？为什么？

活动三：探究 C_2H_4 的加成反应

给出碳碳双键、碳碳单键键能数据，对比分析 C_2H_4 发生加成反应的特点。

写出乙烯与 Cl_2、H_2、HCl、H_2O 等物质发生加成反应的方程式。

活动四：探究 C_2H_4 的加聚反应

$$CH_2\!=\!CH_2 + CH_2\!=\!CH_2 + CH_2\!=\!CH_2 + CH_2\!=\!CH_2 + \cdots \rightarrow \cdots\!-\!CH_2\!-\!CH_2\!-\!CH_2\!-\!CH_2\!-\!CH_2\!-\!CH_2\!-\!CH_2\!-\!CH_2\!-\!\cdots$$

1. 练习

含有碳碳双键的有机物很多，其性质和乙烯相似，写出下列反应的化学方程式。

（1）丙烯与溴的四氯化碳溶液反应：

_____

_____

_____

（2）丙烯在一定条件下加聚生成聚丙烯：

_____

_____

_____

2. 总结

加聚反应高聚物的写法

（1）含一个碳碳双键的单体聚合物的写法：

_____

_____

_____

（2）含 $C\!=\!C\!-\!C\!=\!C$ 单体聚合物的写法：

_____

_____

_____

3. 说一说

本节课的收获和疑惑点：

_____

_____

_____

限时检测单

（限时 10 分钟，每题 10 分，共 70 分）

1. 下列关于乙烯和乙烷比较的说法中，不正确的是（ 　）。

A. 乙烯的结构简式为 CH_2CH_2，乙烷的结构简式为 CH_3CH_3

B. 乙烯分子中所有原子处于同一平面，乙烷分子则为立体结构

C. 乙烯分子中含有碳碳双键，乙烷分子中含有碳碳单键，则乙烯的含碳量大于乙烷，燃烧时有黑烟产生

D. 乙烯分子中因含有不饱和键，导致乙烯能使酸性 $KMnO_4$ 溶液和溴的四氯化碳溶液褪色

2. 文献记载："红柿摘下未熟，每篮用木瓜三枚放入，得气即发，并无涩味。"下列有关"气"的说法错误的是（ 　）。

A. 将"气"通入溴水，发生加成反应，溴水褪色且分层

B. 将"气"通入酸性溶液，发生氧化反应，溶液褪色

C. 该"气"能作为植物生长的调节剂，促进植物生长

D. 常温下，将"气"通入水中很快生成 CH_3CH_2OH

3. 能证明乙烯分子中只含有一个碳碳双键的是（ 　）。

A. 乙烯分子里碳氢个数比为 1：2

B. 乙烯完全燃烧生成的 CO_2 和 H_2O 的物质的量相等

C. 1 mol 乙烯与溴发生加成反应时需要消耗 1 mol 溴

D. 乙烯能使酸性高锰酸钾溶液褪色

4. 根据乙烯的性质可以推测丁烯（CH_2＝$CHCH_2CH_3$）的性质，下列说法不正确的是（ 　）。

A. 丁烯能使酸性高锰酸钾溶液褪色

B. 聚丁烯的结构可以表示为 $\left[\begin{array}{c}CH_2CH \\ | \\ CH_2CH_3\end{array}\right]_n$

C. 丁烯能在空气中燃烧

D. 丁烯与溴发生加成反应的产物是 $CH_2BrCH_2CH_2CH_2Br$

5. 丙烯是合成聚丙烯塑料的化工原料，反应方程式为 nCH_2＝$CH—CH_3$→，

$\left[\begin{array}{c}CH_2— CH \\ | \\ CH_3\end{array}\right]_n$ ，下列有关说法错误的是（　　）。

A. 丙烯通过加聚反应合成聚丙烯

B. 丙烯和聚丙烯均能使酸性高锰酸钾溶液褪色

C. 丙烯为纯净物，聚丙烯为混合物

D. 聚丙烯的平均相对分子质量为 $42n$ （n 为聚合度）

6. 下列高分子化合物是由两种单体通过加聚反应而制得的是（　　）。

A. $\left[\begin{array}{c}CH_2—C=CH—CH_2 \\ | \\ CH_3\end{array}\right]_n$

B. $\left[\begin{array}{c}CH_2—CH—CH_2—CH_2 \\ | \\ CH_3\end{array}\right]_n$

C. $\left[\begin{array}{c}CH_2— CH \\ | \\ \bigcirc\end{array}\right]_n$

D. $H\left[\begin{array}{c}NH—CH_2—C—CH—CO \\ \quad\quad\quad\; || \quad\; | \\ \quad\quad\quad\; O \quad CH_2\end{array}\right]_n H$

附加题7. 在实验室里制取乙烯的反应为

$$H-\underset{\underset{H}{|}}{\overset{\overset{H}{|}}{C}}-\underset{\underset{OH}{|}}{\overset{\overset{H}{|}}{C}}-H \xrightarrow[170\ ℃]{浓硫酸} CH_2=CH_2\uparrow + H_2O$$

该反应常因温度控制不当而发生副反应，有人设计下图实验以确认上述混合气体含有乙烯和二氧化硫。

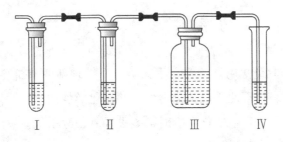

Ⅰ　　　　Ⅱ　　　　Ⅲ　　　　Ⅳ

（1）写出乙烯使溴水褪色的化学方程式：_____。

（2）Ⅰ、Ⅱ、Ⅲ、Ⅳ装置可盛放的试剂是（填下列字母代号）：

Ⅰ_____；Ⅱ_____；Ⅲ_____；Ⅳ_____。

A. 品红溶液　　　　　　　　B. NaOH 溶液

C. 浓 H_2SO_4　　　　　　　　D. 溴水

（3）能说明二氧化硫气体存在的现象是_____。

（4）使用装置Ⅱ的目的是_____，使用装置Ⅲ的目的是_____。

（5）确认含有乙烯的现象是_____。

（6）E 是比乙烯相对分子质量大 14 的乙烯的同系物，工业上用 E 生产塑料的化学方程式为_____。

"乙酸（人教版教材）"教学设计

主备人：史培雁

一、创设情境，引入新课

（学生观看视频：醋溶鸡蛋壳）

这是醋中乙酸的作用，原理是什么呢？我们这节课就来探究一下乙酸。

二、教学目标

1. 知道乙酸的组成、结构、官能团、物理性质及用途。

2. 从官能团的角度分析乙酸的化学性质。

3. 掌握乙酸乙酯的实验制备方法。

三、处理预习单

见附件预习单。

四、教学新课

见附件导学单"二、教学新课"

五、课堂小结

我们从生活中经常用到的醋入手，学习了一种新的有机化合物，即乙酸，包括乙酸的结构、物理性质以及化学性质。在化学性质中，我们重点学习了酯化反应，在羧酸与醇发生酯化反应时，酸去羟基，醇去氢。请绘制本节课的思维导图。

六、限时检测（最后10分钟）

见附件限时检测单。

七、板书设计

乙酸

一、物理性质

二、分子组成和结构

分子式：$C_2H_4O_2$

结构式：

$$H-\overset{\overset{\displaystyle H}{|}}{\underset{\underset{\displaystyle H}{|}}{C}}-\overset{\overset{\displaystyle O}{\parallel}}{C}-O-H$$

结构简式：CH_3COOH

官能团：羧基—COOH

三、化学性质

1. 酸性

2. 酯化反应

$$CH_3-\overset{\overset{\displaystyle O}{\parallel}}{C}-OH + H-O-C_2H_5 \underset{\triangle}{\overset{浓\ H_2SO_4}{\rightleftharpoons}} CH_3-\overset{\overset{\displaystyle O}{\parallel}}{C}-O-C_2H_5 + H_2O$$

实质：酸脱羟基醇脱氢。

八、课后作业

（1）完成课后练习题。

（2）制乙酸乙酯的反应需要加热，乙醇和乙酸也会随着蒸气流出，导致转化率不高，如何改进这个实验呢？请大家课后进行探究。

九、教学反思

本节课从醋泡鸡蛋引入乙酸的酸性，再到用饺子醋引入乙酸的酯化反应，两个探究与生活息息相关，让学生意识到生活离不开化学。我们通过两个实验探究解决了这两个问题，以学生为主体，引导他们通过科学实验学到理论知识，践行问题—分析—实验—结论的模式。针对课中难点酯化反应，我们不仅进行分组实验探究，还让学生自己讨论实验注意事项和反应原理，充分调动了学生的积极性。

但是在做酯化反应这个实验的时候，如果挑出两个小组把饱和的碳酸钠溶液分别换成水和饱和的碳酸氢钠溶液进行对比，将能让学生更好地理解饱和碳酸钠溶液的作用。

附： 教学三单

预习单

1. 复习酸的通性。

2. 预习乙酸的物理性质。

乙酸的物理性质

俗名	颜色	状态	气味	溶解性

点拨：当温度低于 16.6℃ 时，乙酸会凝结成冰一样的晶体，故又名冰醋酸。

3. 预习分子组成与结构。

乙酸的分子组成与结构

分子式	结构式	结构简式	官能团	球棍模型	空间填充模型

4. 设计实验验证乙酸的酸性。

导学单

一、教学目标

1. 知道乙酸的组成、结构、官能团、物理性质及用途。

2. 从官能团的角度分析乙酸的化学性质。

3. 掌握制备乙酸乙酯的实验。

二、教学新课

环节一：观看模型，认识结构

思考下列问题：

1. 乙酸分子的结构式和乙醇有何异同？

2. 为什么醋可以溶解鸡蛋壳而酒精不可以？

环节二：实验探究，得出结论

活动一：探究 CH_3COOH 的酸性

1. 给出试剂（石蕊试液、Na_2CO_3 粉末、镁粉），分组实验，验证乙酸的酸性。

实验操作	现象
往乙酸溶液中加入石蕊试液	
往乙酸溶液中加入 Na_2CO_3 粉末	
往乙酸溶液中加入镁粉	

2. 通过实验现象得出结论：

（1）乙酸具有酸的通性。

（2）电离方程式为_____，是一元_____（填"强"或"弱"）酸。

（3）与 Na_2CO_3 溶液反应的化学方程方程式为_____，说明酸性比碳酸_____（填"强"或"弱"）。

（4）与金属镁反应产生气体的化学式为_____。

（5）点拨：加入石蕊试液溶液变红或加入碳酸钠溶液产生气体的原因是有机物含有官能团_____。

活动二：探究 CH_3COOH 的酯化反应

1. 阅读教材酯化反应实验操作。

思考：

（1）给试管 a 加热时，需要注意什么？

（2）加入试剂的顺序可以调换吗？

（3）实验时 b 中的导管可以伸到液面以下吗？

2. 学生分组实验。

实验操作	
实验现象	
化学方程式	

（1）酯化反应概念：酸和醇反应生成_____的反应。

（2）特点：属于四大反应类型中的_____反应，反应进行得比较缓慢。

反应条件：_____。

3. 酯化反应时酸和醇断裂哪些化学键？

4. 请同学们根据上述两种可能，思考一下：我们可以如何证明？

5. 思考：

导管的作用	
浓硫酸的作用	
饱和碳酸钠溶液的作用（结合下面表格讨论）	
酯的分离方法	

物质	沸点/℃	水溶性	酯溶性
乙酸	118	易溶	易溶
乙醇	78.5	易溶	易溶
乙酸乙酯	77.6	微溶	—

环节三：回扣主题，拓展应用

请大家思考：乙酸在日常生活和化工生产中有哪些应用呢？

三、课堂小结

请绘制本节课思维导图。

限时检测单

（限时 10 分钟，每题 10 分，共 70 分）

1. 可以说明 CH_3COOH 是弱酸的事实是（　　）。

A. CH_3COOH 与水能以任何比互溶

B. CH_3COOH 能与 Na_2CO_3 溶液反应，产生 CO_2

C. $0.1\ mol \cdot L^{-1}$ 的 CH_3COOH 溶液中 $c\ (H^+)\ =0.001\ mol \cdot L^{-1}$

D. $1\ mol \cdot L^{-1}$ 的 CH_3COOH 溶液能使紫色石蕊试液变红

2. 下列关于乙酸的说法不正确的是（　　）。

A. 乙酸是一种重要的有机酸，且具有强烈的刺激性气味

B. 乙酸分子中含有 4 个 H 原子，所以乙酸不是一元酸

C. 无水乙酸又称冰醋酸，它是纯净物

D. 乙酸易溶于水和乙醇

3. 乙酸、水和乙醇的分子结构如下，三者结构中的相同点是都含有羟基，下列说法错误的是（　　）。

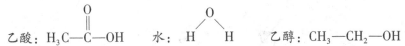

A. 羟基的极性：乙酸＞水＞乙醇

B. 与金属钠反应的强烈程度：水＞乙醇

C. 羟基连接不同的基团可影响羟基的活性

D. 羟基极性不同的原因是羟基中的共价键类型不同

4. 在同温、同压的情况下，某有机物与过量 Na 反应得到 V_1 L 氢气，另取一份等量的该有机物与足量 $NaHCO_3$ 反应得 V_2 L 二氧化碳，若 $V_1 = V_2 \neq 0$，则有机物可能是（　　）。

　　A. CH_3CH_2COOH 　　　　　　　　　B. $HOOC—COOH$

　　C. $HOCH_2CH_2OH$ 　　　　　　　　　D. CH_3COOH

5. 乙酸分子的结构式为 $H-\overset{\underset{|}{H}}{\underset{|}{C}}-\overset{\overset{O}{\|}}{C}-O-H$ （b、a、c），下列反应及断键部位正确的是（　　）。

①乙酸电离是 a 键断裂；

②乙酸与乙醇发生酯化反应，b 键断裂；

③在红磷存在时，Br_2 与 CH_3COOH 的反应 $CH_3COOH + Br_2 \xrightarrow{红磷} CH_2Br—COOH + HBr$，c 键断裂；

④乙酸变成乙酸酐的反应 $2CH_3COOH \longrightarrow CH_3-\overset{\overset{O}{\|}}{C}-O-\overset{\overset{O}{\|}}{C}-CH_3 + H_2O$，a、b 键断裂。

A. ①②③ 　　　　　　B. ①②③④

C. ②③④ 　　　　　　D. ①③④

6. 下图是实验室制乙酸乙酯的装置。

（1）浓硫酸的作用是＿＿＿＿、＿＿＿＿。

（2）装置中通蒸气的导管插在饱和 Na_2CO_3 溶液的液面上方，不插入溶液中的目的是＿＿＿＿。

（3）饱和 Na_2CO_3 溶液的作用是＿＿＿＿。

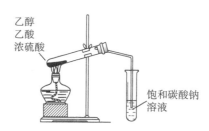

乙醇
乙酸
浓硫酸

饱和碳酸钠
溶液

7. 酯类物质广泛存在于香蕉、梨等水果中，某实验小组从梨中分离出一种酯，该酯在稀硫酸作用下加热得到乙酸和另一种分子式为 $C_6H_{14}O$ 的物质。下列说法错误的是（　　）。

A. 乙酸分子中含有羧基

B. $C_6H_{14}O$ 可与金属钠发生反应

C. 实验小组分离出的酯可表示为 $C_6H_{13}COOCH_3$

D. 稀硫酸是该反应的催化剂

高中生物新授课模式

教学模式

一、晨读再测

教师通过检查学生早读限时考试卷，发现学生的高频错误点，将这些问题重新呈现加深学生记忆，避免学生再次犯错。教师在进行再测后对结果进行再次批改或抽查，对重点问题需要再次点拨。

二、目标展示

教师根据新课程标准及学生的实际情况设计教学目标。根据课改精神，学生要精练，教师要精讲。因此，课前展示教学目标能够使学生对本节课的学习任务有明确清晰的认识，从而使学生更快进入课堂情境。

三、新课导入

通过巧设情境引出新授知识，或通过复习巩固引入新授知识，激发学生学习兴趣，使学生兴趣盎然地进入教学情境。

四、突破难点

衡量教学有效性的基本标准之一，就是看教师在教学中是否能够解决重点、突破难点。在教学过程中，教师应根据教材的知识结构梳理出重点，根据学生的认知水平确定好难点。根据高中生物学科的特点和我校学生的基本情况，设计步骤如下：

自主学习：提取本节课的核心概念，在导学案中通过设置问题串的方式，引导学生对概念有初步的认知，为后面的学习打下基础。

探究活动一：核心问题，重点探讨

对于教学重点，通过创设情境、巧设问题，使问题难度由易到难，学生展开思考与讨论。

探究活动二：挖掘难点，合作探究

结合本节课的难点和学生的认知水平，设置层层深入的导学问题。问题的设置应充分考虑学生的学习能力、语言表达能力等能力，以"先自主后合作再展示"的形式开展活动，使学生有自主思考的时间，有充分交流的机会，在思考中体会知识的升华，在讨论和交流中完成技能和素养的提升，进一步提高课堂效率，突破本节课的重难点。

五、学以致用

合理设计有针对性的习题，使学生通过习题将本节课的知识加以巩固和应用。

六、课堂小结

设计和完善思维导图，使知识系统化、整体化。

七、限时检测（10 分钟）

本环节如下设计：

（1）学生答题 7 分钟。

（2）学生核对答案，在 2 分钟内完成互改。

（3）教师讲评重难题和易错题。

典型课例

"减数分裂和受精作用（第 1 课时）（人教版教材）" 教学设计
主备人：孙晓燕　审核：高一生物组

一、晨读再测

（1）自由组合的实质：F_1 产生配子时，决定同一性状的成对的遗传因子彼此_____，决定不同性状的遗传因子_____。

（2）孟德尔杂交实验二中 F_1（YyRr）所产生的配子共_____种，分别是_____。

（3）同源染色体：配对的两条染色体_____，_____和_____一般都相同，一条来自_____，一条来自_____。

（4）减数分裂过程中染色体数目的减半发生在_____。

二、目标展示

1. 学习目标

（1）理解减数分裂、同源染色体等基本概念。（重点）

（2）描述精子的形成过程。（重、难点）

2. 核心素养

科学思维：归纳与概括减数分裂与减数第二次分裂的特点。

科学探究：分析各时期染色体数目变化规律，提高结果分析的科学探究能力。

三、导入新课

通过"问题探讨"，创设真实情境，让学生讨论：

（1）果蝇配子的染色体和体细胞的染色体在数目上有什么区别吗？

（2）配子能通过有丝分裂形成吗？

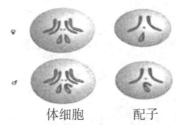

体细胞　　　　配子

设计意图：通过创设问题情境使学生关注配子和体细胞染色体数目的区别，思考这种区别是如何产生的，引出对减数分裂的研究，激发学生学习新知识的兴趣。

学生活动：思考并回答问题。

四、突破难点

（一）自主学习（2分钟）

内容详见附件导学单"自主学习"。

设计意图：通过图文，以问题串的形式，引导学生思考，提升学生自主学习的能力，使学生学会判断同源染色体、非同源染色体、姐妹染色单体、非姐妹染色单体。

学生活动：自主完成导学单，以小组为单位进行汇报交流。

（二）探究活动1：精子的形成过程（5分钟）

内容详见附件导学单"探究一：减数分裂过程"。

设计意图：通过先自主后合作的探究方式，使学生能描述哺乳动物精子的形成过程并归纳出减数分裂Ⅰ和减数分裂Ⅱ中染色体的行为和数量变化。

学生活动：先自主完成导学单，再以小组为单位进行汇报交流。其他小组发表意见，如有不同意见互相讨论交流，再进行小组展示。

（三）探究活动2：精子的形成过程中遗传物质的变化规律（3分钟）

内容详见附件导学单"探究二"。

设计意图：学生能依据精子的形成过程归纳得出染色体和核DNA的变化规律，通过小组合作的方式发现错误并改正，提升结果分析的科学探究能力。

学生活动：自主完成表格（由于不同层次学生认知和接受能力不同，可能会有部分同学不能得到正确答案，可在小组内进行讨论交流之后进行小组展示）。

五、学以致用——对点练习

内容详见附件导学单"对点练习"。

设计意图：通过题目掌握精子在形成过程中各时期的特点及规律。

学生活动：完成习题，小组展示答案。有能力的学生建议完成选做题。

六、课堂小结

写出精子形成过程中细胞名称的主要变化。

设计意图：通过构建思维导图，使学生将本节课知识系统化、整体化。

学生活动：完成导图，小组展示，课下继续丰富导图，完成后参与评比。

七、板书设计

2.1 减数分裂和受精作用

一、相关概念：同源染色体、联会、四分体、互换

二、哺乳动物精子的形成

精原细胞→初级精母细胞→次级精母细胞→精细胞→精子

八、教学反思

本节内容是高中生物学的一个难点和重点，并和前面学习的有丝分裂、遗传规律有密切联系，因此本节课也是理解遗传规律的关键所在。传统的讲授法容易造成学生失去主动学习知识的过程，成为信息的被动承受者，造成学习浮于表面，无法深度学习、理解本质。因此本节课采用学生自主学习加小组合作探究的方式，大力倡导学生自主、合作、探究，旨在建立和形成以学生为主体，

充分调动学生主体性的多样化学习方式。

本节课的成功之处在于：

（1）创设的问题情境很好地激发了学生的学习兴趣，并引发学生的积极讨论，使学生带着疑问进行本节课的学习，大大激发了学生学习的积极性。

（2）探究活动 1 中，问题设计合理，直击重点，使学生通过图片和问题的引领自主探索出减数分裂 Ⅰ 和减数分裂 Ⅱ 的过程及基本规律，提升了归纳与概括能力。

（3）通过分析减数分裂中染色体和核 DNA 的变化规律，培养了学生分析归纳的科学探究能力。对于有问题的答案，小组间进行积极的讨论并自行修改得到答案，增强了团队合作意识，体会了自主学习的成就感。

存在的问题：

（1）有些学生对同源染色体、姐妹染色单体的概念及其相互关系仍分辨不清，需增加练习或通过模型帮助学生认识概念及其相互关系。

（2）课堂时间安排仍有优化空间，在进行对点练习时，对于学生没有问题的题目可不再重复强调，以腾出更多的时间解决限时检测中有难度的题目，使得重点和难点题目得到更有效的突破。

附： **教学三单**

预习单

一、基本概念

1. 同源染色体：_____的两条染色体，_____和_____一般都相同，一条来自_____，一条来自_____。

看形态：大小形态一般都相同；看来源：一个来自父方，一个来自母方；看行为：减 Ⅰ 时能联会。

2. 联会和四分体

联会：_____的现象叫作联会。

四分体：联会后的每对都含有_____，叫四分体。

二、减数分裂

1. 概念：进行____的生物，在产生____时进行的染色体____的细胞分裂。

2. 特点：染色体只复制_____，而细胞分裂_____。

3. 结果：成熟生殖细胞中的染色体数目比原始生殖细胞的数目减少_____。

三、精子的形成过程

1. 形成场所：人和哺乳动物的_____。

精原细胞中的染色体数目都与_____的相同。

2. 减数分裂过程

过程	时期	主要变化	图形变化	细胞名称
减数分裂 I	间期	体积_____，_____复制；DNA 数量是原来的_____倍		
	前期	_____：分散的染色体两两配对，配对的染色体称为_____。联会后，每对同源染色体中含有_____条染色单体，故称为_____。 _____：四分体中的_____交换一部分片段		
	中期	整齐地排列在赤道板的两侧		
	后期	向细胞的两极移动，每个子细胞得到各对同源染色体中的一条。 但每条染色体的2条姐妹染色单体不分离		
	末期	分裂成个_____子细胞 染色体数目的变化：_____		

续 表

过程	时期	主要变化	图形变化	细胞名称
减数分裂Ⅱ	前期			
	中期	整齐排地在赤道板上		
	后期	_____分裂，_____分开并向两极移动		
	末期	2个次级精母细胞分裂成_____个精细胞		

导学单

[自主学习]（2分钟）

一、减数分裂中基本概念（同源染色体）的理解

结合右图，回答问题。

（1）细胞中有_____对同源染色体，它们分别是：_____。

（2）哪几条是非同源染色体？_____。

（3）一个四分体含有_____对同源染色体，含有_____条染色单体，_____条染色体，_____个DNA分子。

（4）a、a'称为_____，四分体中的_____之间经常交换相应的片段。

[对点练习]

1. 下列有关减数分裂的说法，错误的是（　　）。

A. 若细胞中出现四分体，则四分体的数目和同源染色体的对数相等

B. 蓝细菌的增殖过程有可能出现减数分裂

C. 大小相同的染色体不一定叫同源染色体

D. 通过减数分裂，配子中的染色体只有体细胞的一半

[合作探究]

二、精子的形成过程

探究一：减数分裂过程（5分钟）

如图是动物睾丸中减数分裂的示意图，请分析回答下列问题。

（1）A、C、G 分别表示什么细胞？

A：_____；C：_____；G：_____。

（2）甲过程是_____，此过程中染色体有哪些特殊行为？

前期：

后期：

（3）乙过程为_____，细胞 B、C 中_____（填"有"或"没有"）同源染色体，_____（填"有"或"没有"）姐妹染色单体。

（4）染色体数目减半和姐妹染色单体的消失分别发生在哪个过程？

染色体减半发生在_____；

姐妹染色单体的消失发生在_____。

探究二：

观察教材第 18 页、第 19 页图 2-2，完成下表（体细胞染色体数目 =2N）：（3分钟）

比较项目	减数分裂 I					减数分裂 II			
	间期	前期	中期	后期	末期	前期	中期	后期	末期
染色体数	2N→2N								
核 DNA 分子数	2N→4N								

[对点练习]

2. 下列关于细胞正常减数分裂过程的叙述，正确的是（　　）。

①减数分裂包括两次细胞分裂；

②在次级精母细胞中存在同源染色体；

③着丝粒在减数分裂Ⅰ的后期分裂；

④同源染色体的分离导致染色体数目减半；

⑤减数分裂的结果是染色体数目减半，DNA 含量不变；

⑥联会后染色体复制，形成四分体；

⑦染色体数目的减半发生在减数分裂Ⅱ的末期。

A. ①②③   B. ④⑤⑥

C. ①④   D. ⑥⑦

[选做]（2020·黑龙江哈师大附中考试）下面是某雄性动物（$2n=4$）部分细胞分裂的示意图，①~④分别代表不同分裂过程的细胞，请据图回答问题。

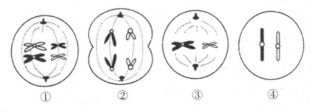

① ② ③ ④

（1）②细胞的名称是_____，其 DNA 的数量与精原细胞的 DNA 数量_____（填"相同"或"不相同"）。

（2）③细胞中核 DNA 分子与染色体的数量比为_____。

（3）①细胞是_____期，图中既有同源染色体又有姐妹染色单体的是的_____。

三、小结

写出精子形成过程中细胞名称的主要变化。

| 睾九 | → | 精原细胞 | 有丝分裂 → | 精原细胞 | 间期 → | | 第一次分裂 → | | 第二次分裂 → | | 变形 → | 精子 |

记忆节节清：精子形成过程
精原复制体略增，同源联会四分体；
两两并列赤道板，数目减半向两极；
次级精母再分裂，染色单体相分离；
数目变成四细胞，复杂变形精子成。

限时检测单

（限时 7 分钟，共 50 分）

一、选择题（每题 6 分，共 30 分）

1. 在产生成熟生殖细胞时，减数分裂的根本目的是（　　）。

A. 细胞分裂两次

B. 染色体复制一次

C. 染色体数目减半

D. 同源染色体联会

2. 下列关于同源染色体概念的叙述中，正确的是（　　）。

A. 由一条染色体复制后形成的两条染色体

B. 来自父方（母方）的全部染色体

C. 形状大小必须都相同的两条染色体

D. 在减数分裂过程中彼此联会的两条染色体

3. （2021·湖北黄州中学高二阶段练习）关于某二倍体哺乳动物细胞有丝分裂和减数分裂的叙述，错误的是（　　）。

A. 有丝分裂后期与减数分裂Ⅱ后期都发生姐妹染色单体分离

B. 有丝分裂中期和减数分裂Ⅰ中期都会发生同源染色体联会

C. 有丝分裂过程中不出现四分体，减数分裂过程中出现四分体

D. 有丝分裂中期和减数分裂Ⅱ中期染色体都排列在赤道板上

4. 以下细胞中既有同源染色体，又含有姐妹染色单体的是（　　）。

①有丝分裂中期细胞　②有丝分裂后期细胞　③减数第一次分裂中期细胞　④减数第二次分裂中期细胞　⑤减数第一次分裂后期细胞　⑥减数第二次分裂后期细胞

A.①③⑤　　　　　　　　　　B.②③④

C.①③④　　　　　　　　　　D.④⑤⑥

5. （2021·黑龙江哈尔滨第六中学校高三期中）关于下图的叙述不正确的是（　　）。

A. 前期，④与⑦、⑤与⑥联会，形成两个四分体

B. 后期，移向同一极的染色体均含同源染色体

C. ④是一条染色体，包含两条染色单体①和③，它们通过一个着丝粒②相连

D. 细胞中含有两对同源染色体，其中④和⑦为一对同源染色体

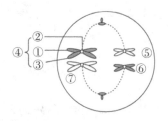

二、非选择题（每空 2 分，共 20 分）

6.（2021·云南昆明八中高一阶段练习）下图是某种雄性生物处于不同分裂时期的细胞示意图，请回答以下问题。

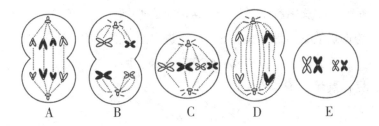

（1）具有同源染色体的细胞有_____。

（2）A 细胞经分裂形成的子细胞的名称是_____，此生物体细胞中的染色体最多为_____条。

（3）上述细胞示意图中，移向细胞两极的遗传物质一定相同的是_____、_____。（不考虑基因突变和互换）

（4）可能发生染色体互换的细胞是_____，B 时期染色体的行为特点为_____。

（5）该生物可观察到这些分裂图像的部位是_____，D 细胞的名称是_____，初级精母细胞、次级精母细胞和精子之间的核 DNA 含量比例为_____。

［选做］（10 分）（2022·河南周口陈州高级中学高三阶段练习）果蝇体细胞中有 8 条染色体，下图是其细胞在减数分裂过程中，DNA 分子、染色体、染

色单体的数目变化，其中可能正在发生同源染色体分离的是（　　　）。

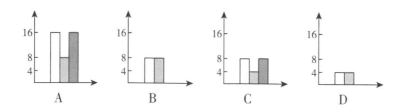

  A   B   C   D

"细胞的能量'货币'——ATP（人教版教材）"教学设计

主备人：陈辉辉 审核：高一生物组

一、晨读再测

（1）细胞内的主要能源物质是_____，储能物质是_____。

（2）ATP 的中文名称是_____，结构简式是_____。

（3）协助扩散是指借助膜上的_____进出细胞的物质扩散方式。

（4）一次施肥过多，会造成"烧苗"现象，因为_____。

二、目标展示

1. 学习目标

（1）ATP 化学组成及其结构特点。

（2）ATP 和 ADP 之间的相互转化及其对细胞内能量代谢的意义。

2. 核心素养目标

生命观念：通过学习 ATP 这一高能磷酸化合物的结构与能量的关系，引导学生初步建立物质与能量相联系、结构与功能相适应的观点。

科学思维：通过阅读教材相关内容，结合小组讨论，明确 ATP 的化学组成，建立 ATP 的结构模型并说明其作用机理，锻炼学生关于归纳与概括、模型与建模的科学思维。

科学探究：通过团队合作解释 ATP 与 ADP 二者的相互转化过程，结合 ATP 水解释放能量与主动运输需要能量的关系激发学生的好奇心和求知欲，在团队合作中提高学生科学探究能力。

社会责任：通过教材前后对于萤火虫和荧光树发光原理的学习，引导学生可以利用生物学知识解释生活中常见的自然现象，并对我国基因工程等生物学前沿知识有一定的关注，培养学生的社会责任感。

三、新课导入

播放萤火虫发光视频，视频中讲述萤火虫发光的原理，视频的最后提出问题：萤火虫发光的直接能源是葡萄糖、脂肪还是 ATP？

设计意图：吸引学生注意力，激发兴趣。

学生活动：学生观看视频，思考并回答问题。

四、突破难点

（一）自主学习（3 分钟）

（自主活动）实验探究：萤火虫发光的直接能源是葡萄糖、脂肪还是 ATP？

详见附件导学单"一、ATP 是细胞生命活动直接能源物质 ［自主学习］"。

设计意图：使学生认识 ATP 是直接能源物质，并熟悉巩固实验设计的基本原则，即对照原则、等量原则、单一变量原则，学会分析实验中的变量，从而培养学生的科学探究精神和科学思维。

学生活动：自主完成导学单，以小组为单位进行汇报交流。

（二）探究活动 1：ATP 的分子结构和 ATP 与 ADP 的相互转化（5 分钟）

（模型构建）向各小组提供腺嘌呤、核糖、磷酸基团结构图片，组织学生构建 ATP 分子的结构模型。（每 4 人一组，黑板贴图）

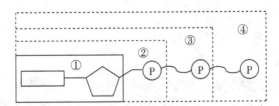

（1）构建腺苷、腺嘌呤核糖核苷酸模型。

（2）构建 ATP 分子的结构模型。

（3）在学案上标出腺苷一磷酸、二磷酸、三磷酸，说明腺苷一磷酸（AMP）就是腺嘌呤核糖核苷酸。

设计意图：通过建模，加深学生对 ATP 结构的理解，激发学生的学习积极性，使学生完成知识点的识记。

学生活动：观察 ATP 化学结构图，利用图片材料，分组构建腺苷、腺嘌呤核糖核苷酸、ATP 分子的结构模型。

(三) 探究2：ATP 与 ADP 的相互转化特点 (3 分钟)

思考讨论相关问题，并完成表格。

(1) ATP 的水解过程图。

(2) ATP 的形成过程图。

(3) 二者的转化可逆吗？

(4) ADP 转化成 ATP 时所需能量的主要来源是什么？

表格详见附件导学单"三、ATP 与 ADP 可以相互转化　[自主学习]"。

设计意图：通过合作探究使学生熟练掌握 ATP 与 ADP 相互转化的过程，理解 ATP 作为直接能源物质的能量代谢过程，引导学生进行深度思考，培养学生的归纳总结能力。

学生活动：写出 ATP 与 ADP 的转化反应式，归纳 ATP 与 ADP 的相互转化特点，并填写表格。

五、学以致用

1. 模型构建

详见附件导学单"二、ATP 的结构"。

2. 合作探究

详见附件导学单"二、ATP 的结构"。

3. 真题演练

详见附件导学单"二、ATP 的结构"。

六、课堂小结

构建思维导图，对本节内容进行归纳、总结。(详见导学单)

设计意图：通过归纳、总结加深学生记忆，帮助学生构建完整的知识体系。

学生活动：完成思维导图，构建前后节知识之间的横向联系。

七、板书设计

5.2 细胞的能量"货币"ATP

一、ATP 是直接能源物质

二、ATP 的结构

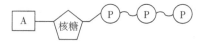

三、ATP 与 ADP 的转化

八、教学反思

教师在本节课的课前准备环节利用卡纸、磁力贴等材料制作了教具模型，并给学生准备了多套模型材料包。课堂上，学生通过合作探究，分组利用模型材料包模拟 ATP 的结构、ADP 和 ATP 的转化过程，从而对该过程理解更深入，既熟悉了知识又锻炼了科学思维。本节课充分发挥了学生的主体性，课堂气氛活跃，教学效果突出。

通过几个生活中的例子体现 ATP 供能过程。以主动运输为例，采用讲授法将 ATP 水解放能的过程形象地呈现给学生；同时，将吸能反应与放能反应联系起来，从而将本节知识提高到应用的水平；最后介绍荧光树的发光原理，引起学生对于基因工程的兴趣和对我国先进生物技术的探索激情。

本节内容对高一学生来说较抽象，因为涉及有机物的化学组成，学生在化学学科还未进行有机物的相关学习。另外，需要总结的内容较多，对学生能力的要求较高，学生容易感觉吃力，产生畏难情绪。本节探究内容较多，所以教师要注意对时间的把控。

本节课还充分利用了信息技术，使信息技术与学科教学有机地整合在一起，从而促进教学手段的最优化和教学效率的最大化，使教学目标落到实处。

附： 教学三单

预习单

一、ATP 是一种高能磷酸化合物

根据教材 86 页相关信息，判断 ATP 的结构组成，并画出 ATP 的结构简图。

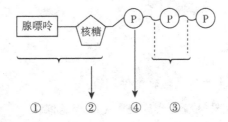

（1）写出图中序号表示的结构：

①腺苷_____；

②_____；

③一种特殊的化学键_____；

④_____。

（2）ATP的中文名称：_____。

（3）ATP的组成元素：_____。

（4）ATP的结构简式：_____。

（5）ATP中特殊化学键不稳定的原因：_____。

二、ATP与ADP可以相互转化

根据课本第86~87页ATP与ADP的相互转化内容，思考下列问题。

1. 一个ATP分子中含有几个特殊的化学键？ATP水解放出的能量来源于哪个化学键的水解（具体位置的描述）？

2. 写出ATP与ADP相互转化的反应式。

3. 对细胞的正常生活来说，ATP与ADP的这种相互转换是_____并且处于_____之中。

4. ATP与ADP相互转换的能量供应机制在所有生物的细胞内都是一样的，这体现了生物界的_____。

5. 对于绿色植物来说，合成ATP的能量来自什么？对于人、动物、真菌和大多数细菌来说，合成ATP的能量来自什么？

三、ATP的利用

1. ATP是如何为生物体主动运输供能的？

（1）参与Ca^{2+}主动运输的载体蛋白是一种能催化_____的酶，当膜内侧的Ca^{2+}与相应位点结合时，其酶活性就被激活了。

（2）在载体蛋白这种酶的作用下，ATP分子的末端磷酸基团脱离下来与载体蛋白结合，这一过程伴随着能量的转移，这就是_____。

（3）载体蛋白磷酸化导致其_____发生变化，使 Ca^{2+} 的结合位点转向膜内侧，使 Ca^{2+} 释放到膜外。

2. 细胞内有些化学反应是吸收能量的，有些化学反应是释放能量的，许多吸能反应与_____的反应相联系，由_____提供能量；许多放能反应与_____的反应相联系，释放的能量储存在_____中，用来为吸能反应提供能量。

3. 为什么把 ATP 比喻为细胞内流通能量的"货币"？

4. 萤火虫尾部发光的原因：

萤火虫尾部的发光细胞中含有_____和_____，荧光素接受_____提供的能量后就被激活，在_____的催化作用下，与氧发生化学反应，形成氧化荧光素并且发出荧光。

导学单

一、ATP 是细胞生命活动直接能源物质

[自主学习]

实验探究：萤火虫发光的直接能源是葡萄糖、脂肪还是 ATP？

实验材料：活萤火虫数十只、生理盐水、葡萄糖、脂肪、ATP。

实验步骤：

（1）用小刀将数十只萤火虫的发光器割下，干燥后研磨成粉末，取四等份装入 4 支分别装有生理盐水、葡萄糖、脂肪、ATP 的试管，各加入少量水使之混合，置于暗处，可见试管内有淡黄色荧光出现，约过 15 分钟荧光消失。

（2）分别在 A、B、C、D 试管中加入，置于暗处。

（3）观察并记录各试管内荧光出现情况。

预期实验结果及结论：

（1）若 B 试管出现荧光，A、C、D 试管未出现荧光，说明_____。

（2）若 C 试管出现荧光，A、B、D 试管未出现荧光，说明萤火虫发光的直接能源是脂肪。

（3）若_____，说明萤火虫发光的直接能源是 ATP。

实验证明，细胞生命活动的直接能源是_____。

二、ATP 的结构

（一）模型构建

在下图中标出 ATP、ADP（腺苷二磷酸）、AMP（腺嘌呤核糖核苷酸）、腺
苷、腺嘌呤。

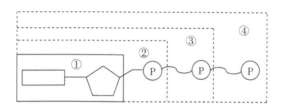

（二）合作探究

写出下列几种化合物的化学组成中，"○"中所对应的含义。

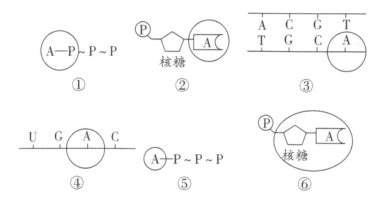

（三）真题演练

（2019·新课标 I 卷）有关 DNA 分子的研究中，常用 ^{32}P 来标记 DNA 分子。
用 α、β 和 γ 表示 ATP 或 dATP（d 表示脱氧）上三个磷酸基团所处的位置
（$A - P_\alpha \sim P_\beta \sim P_\gamma$ 或 $dA - P_\alpha \sim P_\beta \sim P_\gamma$）。回答下列问题。

（1）某种酶可以催化 ATP 的一个磷酸基团转移到 DNA 末端，同时产生
ADP。若要用该酶把 ^{32}P 标记到 DNA 末端，那么带有 ^{32}P 的磷酸基团应在 ATP 的
_____（填"α""β"或 γ）位上。

（2）若用带有 ^{32}P 标记的 dATP 作为 DNA 生物合成的原料，将 ^{32}P 标记到新
合成的 DNA 分子上，则带有 ^{32}P 的磷酸基团应在 dATP 的_____（填"α""β"

或 γ")位上。

三、ATP 与 ADP 可以相互转化

（一）自主学习

1. ATP 与 ADP 转化的特点

（1）ATP 与 ADP 的相互转化，时刻不停地发生并且处在_____之中。

（2）ATP 与 ADP 相互转化的能量供应机制在所有生物的细胞内都是一样的，这体现了_____。

2. ATP 和 ADP 的相互转化是否是可逆反应？请完善下表并得出结论。

项目	ATP 的合成	ATP 的水解
反应式	$ADP + Pi + 能量 \xrightarrow{酶} ATP$	$ATP \xrightarrow{酶} ADP + Pi + 能量$
能量来源		特殊的化学键
能量去向		
反应场所	线粒体、细胞质基质、叶绿体	细胞内的需能场所
结论		

（二）思维导图

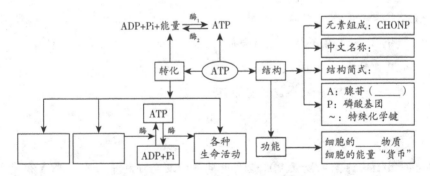

限时检测单

（限时 10 分钟，共 50 分）

一、选择题（每题 6 分，共 30 分）

1. ATP 是一种高能磷酸化合物，下列有关 ATP 的结构和功能的说法，不正确的是（   ）。

A. ATP 的组成元素与核酸相同

B. ATP 和 DNA 中都含有脱氧核糖

C. ATP 是驱动细胞生命活动的直接能源物质

D. ATP 中含有两个特殊化学键

2.（2021·山西太原诊断）下图为 ATP 的结构示意图，下列说法错误的是（　　）。

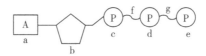

A. 物质 a 与 b 组成腺苷

B. c、d、e 中不只含 P 元素

C. 图中 a 是 RNA 的基本组成单位之一

D. g 键断裂时，末端磷酸基团挟有较高的转移势能

3.（2020·河南南阳一模）在某细胞培养液中加入^{32}P 标记的磷酸分子，短时间内分离出细胞的 ATP，发现其含量变化不大，但部分 ATP 的末端 P 已带上放射性标记，该现象能够说明（　　）。

①ATP 中远离 A 的 P 容易脱离；

②部分^{32}P 标记的 ATP 是重新合成的；

③ATP 是细胞内的直接能源物质；

④该过程中 ATP 既有合成又有分解。

A.①②③④　　　　　　　　　　B.①②③

C.①②④　　　　　　　　　　D.②③④

4.（2021·海南七校联考）萤火虫尾部的发光细胞中含有荧光素和荧光素酶，荧光素接受 ATP 提供的能量后就被激活。在荧光素酶的作用下，激活的荧光素与氧发生化学反应，形成氧化荧光素并且发出荧光。下列相关叙述正确的是（　　）。

A. 萤火虫的发光强度与 ATP 的含量负相关

B. 荧光素酶通过调节氧化荧光素的形成而使其发光

C. 萤火虫体内 ATP 的形成所需的能量来自光能和呼吸作用

D. 萤火虫持续发光的过程中，体内 ATP 的含量仍会保持相对稳定

5. (2019·辽宁联考) 在下列四种化合物的化学组成中,与"○"中所对应的含义最接近的是 (   )。

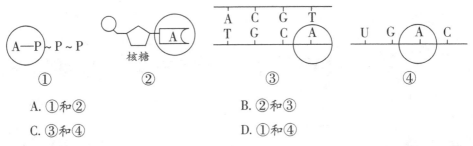

①   ②   ③   ④

A. ①和②   B. ②和③

C. ③和④   D. ①和④

二、非选择题 (每空4分,共20分)

6. 下图为ADP转化成ATP时所需能量的主要来源示意图,据图回答下列问题。

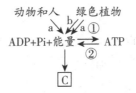

(1) 图中的a、b分别代表_____,_____。

(2) 在动物肌细胞中,进行②反应时,能量来自ATP水解时_____脱离携带的能量。

(3) ①②反应进行时所需要的酶一样吗?若不一样,分别是什么酶?____。

(4) 进行②反应时能量用于_____。

[选做] (每空4分,共20分)

(2019·河南三市调研) 某同学做了一项实验,目的是验证ATP能使离体的刚丧失收缩功能的新鲜骨骼肌发生收缩,说明ATP是肌肉收缩所必需能量的直接来源。请回答下列有关问题。

(1) 实验中,必须待离体肌肉自身的_____消耗之后才能进行实验。

(2) 在程序上,采取自身前后对照的方法,先滴加_____(填"葡萄糖溶液"或"ATP溶液"),观察是否发生_____;之后再滴加_____(填"葡萄糖溶液"或"ATP"溶液)。

(3) 试想,如果将上述顺序颠倒一下,实验结果是否可靠?并说明原因。

_____

_____。

高中政治新授课模式

教学模式

一、导入新课

通过播放 2020 年召开的中央经济工作会议的关于"卡脖子"技术的视频，引导学生思考：党的十八大以来我国的经济建设取得了重大成就，人民生活不断改善，但同时面临着哪些困难和挑战？以此引发学生思考新时代我国社会的主要矛盾，进而为新发展理念的提出做铺垫。

二、教学目标

中共中央办公厅、国务院办公厅印发的《关于深化新时代学校思想政治理论课改革创新的若干意见》对大中小学思政课一体化的课程体系建设提出了整体要求。为落实立德树人的根本任务，贯彻党和国家的教育方针，我校秉持新课改理念，结合学校制定了《2021—2022 学年教学工作指导纲要》，在教学过程中落实"先学后教，能学不教，以学定教，少教多学"的课改理念。学生通过本节课的教学不仅能够掌握新发展理念的基础理论知识，而且能够实现综合素养的提高。

三、处理预习单

高中学生思维活跃，自主探究能力比较强，根据高中学生的特点和学生学情，首先让学生在自主预习的基础上核对预习检测的答案，然后由学生自行解决预习中的问题，教师则对学生无法解决的问题进行讲解并在后面的授课中予以重点阐释。这样可以通过预习检测反映学生对本节课的把握情况，生成问题，为后面的授课突破重难点，并为解答疑问做铺垫。这样做一方面能够精讲、精练，提高课堂效率；另一方面，能够培养学生的问题意识，提高解决问题的能力。

四、教学新课

目标导学一：基础梳理，自主学习

学生在预习的基础上，详细了解本节课的内容，并根据预习单自主完成预习目标。

目标导学二：重点突破，课堂探究

根据学生的学情和本节课的教学内容，设置从易到难、由表及里、层层深入的导学问题。问题的设置充分考虑学生的学习能力和思维逻辑以及学习方式等，以"新课导入—展示目标—预习检测—问题探究—限时检测"的政治教学模式开展教学活动，使学生在自主学习中增强问题意识，提高独立思考的能力，在小组合作交流中提高学生的协同合作和辩证思维；有的放矢、精准教学，达到高质量、高效率的教学效果，进而提高学生在政治学习中的获得感和幸福感，增强学生的政治意识，坚定学生的理想信念。

目标导学三：深层探究，体会理念

针对上一环节学生无法自主解决的问题，进行小组合作交流，通过小组成员共同探讨和合作，发挥小组合作力量及小组全员的智慧，梳理相关问题的答案，并由小组成员代表分享，其他小组成员进行补充和完善，最后师生共同整理答案，得出相关问题的结论。

五、课堂小结

通过本节课的学习，学生明白了在新发展阶段，面对新的社会矛盾，要想推动经济社会的持续健康、高质量发展，必须坚持贯彻创新、协调、绿色、开放、共享的新发展理念。同时，学生深入理解了新发展理念不是抽象的，而是具体的，它与我们每个人的美好生活息息相关，与全体人民的利益休戚与共，这决定了贯彻新发展理念必须坚持以人民为中心的发展思想，昭示了在座的同学们都是新发展理念的践行者和主力军，更加要求青少年学生坚定远大之志，激发进取之心，砥砺担当之勇，不断为实现经济社会高质量发展、为建设社会主义现代化经济体系凝心聚力、贡献智慧。

六、限时检测（最后 10 分钟）

限时检测的内容是针对本节课的易错点和高频考点而设置的，10 分钟的内容量主要包括两个选择题和一个材料分析题，分值设置上每个选择题 4 分，共 8 分，材料分析题 12 分，共 20 分。根据学生的学习程度，还在限时检测中设置了附加题，附加题主要是精选出来的与本节课相关的高考题，结合学生实际和高考动态，在问题设置上坚持由易到难的顺序。本环节设计如下：

（1）学生答题 7 分钟左右。

（2）学生核对答案，在 1~2 分钟内完成互改。

（3）统计学生限时考试的得分情况和错误率高的题目，统计附加题的答题情况。

（4）教师讲评重难题和易错题，并讲解主观题的答题方法。

典型课例

"坚持新发展理念"教学设计
主备人：王会娟　审核人：王玲玲

一、导入新课

教师播放 2020 年召开的中央经济工作会议的关于"卡脖子"技术的视频，引发学生思考：党的十八大以来，我国的经济建设取得重大成就，人民生活不断改善，但同时面临着哪些困难和挑战？

二、教学目标

1. 学习目标

明确新发展理念的内涵，理解贯彻新发展理念的重要性；明确以人民为中心的发展思想的基本内涵和重要意义。

2. 素养目标

政治认同：理解以人民为中心的发展思想，坚定中国特色社会主义道路自信、理论自信、制度自信、文化自信。

科学精神：理解新发展理念集中反映了我们党对经济社会发展规律的深刻认识，是针对我国发展中的突出矛盾和问题提出来的。

公共参与：自觉树立新发展理念，积极参与国家经济社会建设。

三、处理预习单

见附件预习单"三、完成预习，判断正误并纠错"。

四、教学新课

见附件导学单。

五、课堂小结

通过本节课的学习，我们了解了在新发展阶段，面对新的社会矛盾，要想推动经济社会的持续健康、高质量发展必须坚持贯彻创新、协调、绿色、开放、共享的新发展理念，并进一步学习了新发展理念的内容和重要地位，深刻体会了新发展理念的坚持以人民为中心，坚持发展为了人民、发展依靠人民、发展成果最终人民共享的发展思想。

六、限时检测

见附件限时检测单。

七、板书设计

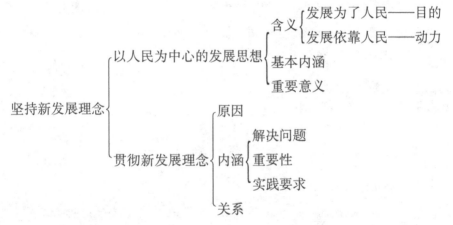

八、课堂小结

到这里，本节课的内容就结束了。通过本节课的学习，我们明白了在新发展阶段，面对新的社会矛盾，要想推动经济社会的持续健康、高质量发展必须坚持贯彻创新、协调、绿色、开放、共享的新发展理念。同时，我们明白了新发展理念不是抽象的，而是具体的，它与我们每个人的美好生活息息相关，与全体人民的利益休戚与共，这决定了贯彻新发展理念必须坚持以人民为中心的发展思想，也昭示了我们每个人都是新发展理念的践行者和主力军，更加要求青少年学生坚定远大之志，激发进取之心，砥砺担当之勇，不断为实现经济社会高质量发展、为建设社会主义现代化经济体系凝心聚力、贡献智慧。

九、课后作业

（1）请同学们课下查找平顶山市贯彻新发展理念的具体实践，下节课进行分享。

（2）完成同步练习题。

【点评】

本节课教师主要采用"新课导入—展示目标—预习检测—问题探究—限时检测"的政治教学模式，秉持"先学后教，能学不教，以学定教，少教多学"的课改理念，通过问题导向，剥茧抽丝，层层深入，带领学生逐一攻克学习的重难点。对理论知识的讲解非常扎实，功底较强，另外在教学中落实立德树人的根本任务，引领学生升华情感态度价值，做到了教学声情并茂，既具有感染力又能够结合学生的思维方式，将教材的知识结构重新构架，有助于学生对本节课的理解和掌握。但是，由于本节课的理论知识比较强，学生对"创新发展、共享发展"理解得还不太透彻。另外由于讨论时间较长，在处理限时检测时比较仓促，对时间的把控能力还有待提高。

附： 教学三单

预习单

一、学习目标

明确新发展理念的内涵，理解贯彻新发展理念的重要性；明确以人民为中心的发展思想的基本内涵和重要意义。

二、自主了解相关链接：名词解析

1. 新发展理念：新发展理念即创新、协调、绿色、开放、共享的发展理念，是习近平总书记于2015年10月在党的十八届五中全会上提出的。

创新发展注重的是解决发展动力问题；协调发展注重的是解决发展不平衡问题；绿色发展注重的是解决人与自然和谐的问题；开放发展注重的是解决发展内外联动问题；共享发展注重的是解决社会公平正义问题。坚持新发展理念是关系我国发展全局的一场深刻变革。

新发展理念就是指挥棒、红绿灯，全党要把思想和行动统一到新发展理念上来，努力提高统筹贯彻新发展理念的能力和水平，对不适应、不适合甚至违背新发展理念的认识要立即调整，对不适应、不适合甚至违背新发展理念的行为要坚决纠正，对不适应、不适合甚至违背新发展理念的做法要彻底摒弃。

2. 以人民为中心：以人民为中心出自党的十九大报告，是习近平新时代中国特色社会主义思想的重要内容。2015年10月29日，在党的十八届五中全会上，习近平明确提出了坚持以人民为中心的发展思想。习近平强调"人民对美好生活的向往，就是我们的奋斗目标"，强调要坚定不移走共同富裕道路。

三、完成预习，判断正误并纠错

1. 经济发展就是要实现经济的快速增长。（　　　）

2. 科学技术是引领发展的第一动力。（　　　）

3. 协调发展注重解决的是人与自然和谐共生的问题。（　　　）

4. 开放发展遵循的是互利共赢的原则。（　　　）

5. 新发展理念的提出，是解决目前面临的突出矛盾和问题的需要。（　　　）

6. 协调发展是指城乡区域协调发展。（　　　）

导学单

一、导入新课

教师播放 2020 年召开的中央经济工作会议的关于"卡脖子"技术的视频，引发学生思考：党的十八大以来，我国的经济建设取得了重大成就，人民生活不断改善，但同时面临着哪些困难和挑战？

二、教学新课

目标导学一：基础梳理，自主学习

结合课本内容完成表格

新发展理念	解决的问题	重要性	如何做	时政热词
创新发展				
协调发展				
绿色发展				
开放发展				
共享发展				

目标导学二：重点突破，课堂探究

总议题：从库布其治沙看中国新发展理念

议题一：库布其治沙如何贯彻新发展理念

库布其在治沙中妙招层出不穷：气流法、螺旋钻法、甘草平移技术、无人机造林法……科技破解了库布其沙漠治理的动力问题。另外光伏治沙项目采用"板上发电、板下种植、板间养殖、治沙改土、带动乡村振兴"五位一体循环产业发展模式，与此同时，在"治沙、生态、产业、扶贫"四轮驱动下实现了生态、经济和社会效益的有机统一。近10年库布其生态旅游景区累计收入24.6亿元，还有近1500户农牧民发展起家庭旅馆、餐饮、民族手工业、沙漠越野等，户均年收入10万多元。库布其绿化面积达3200多平方公里，森林覆盖率、植被覆盖率由2002年的0.8%、16.2%增加到2016年的15.7%、53%，生物种类大幅增加。经过多年艰辛探索，库布其治沙成就得到国际组织的充分认可，联合国在库布其设立了"一带一路"沙漠绿色经济创新中心，并正向"一带一路"沿线以及全球荒漠化国家和地区大力推广库布其沙漠生态经济发展经验。

结合材料，分析库布其治沙如何贯彻新发展理念？

目标导学三：深层探究，体会理念

议题二：库布其治沙为了谁

40年前，这里寸草不生、风蚀沙埋，人们深受其害、深知其苦。与生俱来的倔强和坚忍造就了库布其人不服输的劲头。他们是家园的守望者，库布其人用坚守，抵抗住风沙的侵袭，创造了人进沙退的奇迹；他们是创新的实践者，用智慧让沙漠从负担变机遇，成为安居乐业的美好家园；他们是神奇的绘画家，用双手让三分之一的黄沙披上绿装，在茫茫大漠绘就了一幅灵动清澈的绿水青山图。库布其当地的农牧民，是库布其治沙事业最广泛的参与者、最坚定的支持者和最大的受益者。

1. 库布其治沙谁是最大的受益者？

2. 库布其治沙如何体现以人民为中心的发展思想？

限时检测单

（限时 8 分钟，共 20 分 +8 分）

一、选择题（每题 4 分，共 8 分）

1. 高质量发展是"十四五"乃至更长时期我国经济社会发展的主题，不只是对经济，更是对经济社会发展的总要求，不只是发达地区，而是所有地区都必须贯彻落实，不只是一时一事，而是必须长期坚持的要求。为此需要（   ）。

①提升发展速度，着力解决发展的不充分问题；②坚持共享发展理念，解决发展的不平衡问题；③破解发展的难题，提升发展的质量和效益；④坚持协调发展理念，不断增强发展的整体性。

A. ①②　　　　　B. ③④　　　　　C. ①③　　　　　D. ②④

2. 2021 年湖南省脱贫攻坚目标任务如期完成，助推实现了全面小康路上一个都不掉队，682 万农村建档立卡贫困人口全部脱贫，6920 个贫困村全部出列，51 个贫困县全部摘帽。全省脱贫户人均纯收入由 2014 年的 1987 元增加到 2020 年的 11945 元，年均增幅 34.8%。湖南省这份脱贫成绩单（   ）。

①缩小了区域之间的收入差距；②推动了城乡经济结构的优化；③坚持了以人民为中心的发展思想；④彰显了人民至上的价值取向。

A. ①②　　　　　B. ①④　　　　　C. ②③　　　　　D. ③④

二、非选择题（12 分）

阅读材料，完成下列任务。

2021 年 1 月 22 日，某省民营经济发展与现状座谈会召开，与会代表认为：改革开放 40 多年来，全省民营经济取得长足发展，同时存在着后续发展动力不足、不平衡、不协调、不可持续等问题，民营企业家要牢固树立以人民为中心的发展思想，增进人民团结，带动民营企业积极参与"一带一路"建设，增强发展动力，建设生态文明，推动经济高质量发展。

结合材料，分析该民营企业应如何让新发展理念落地生根，助推经济发展。

三、附加题（每题4分，共8分）

1. 2016—2020年中国能源消费相关情况（数据来源：国家统计局）如下：

项目	2016年	2017年	2018年	2019年	2020年
清洁能源消费量占能源消费总量的比例（%）	19.1	20.5	22.1	23.3	24.3
煤炭消费链占能源消费总量的比例（%）	62.2	60.6	59.0	57.7	56.8
新能源汽车保有量（%）	91.28	153.40	260.78	380.87	492.02

从表中信息可以看出（　　）。

A. 生态环境逐步好转

B. 煤炭消费量下降推动绿色发展

C. 绿色发展理念有所体现

D. 清洁能源消费推动了创新发展

2. 为贯彻新发展理念，天津这座创造过无数个"第一"的老工业城市主动作为，以壮士断腕的决心，关停整治两万多家"散乱污"企业，组建智能科技、生物医药、新能源新材料等战略性新兴产业集群，让天津成为高新科技企业的集聚地。天津的做法旨在（　　）。

A. 坚持共享发展，多谋民生之利

B. 创新发展方式，推动经济高质量发展

C. 坚持制造业立市，打造特色城市

D. 优化产业结构，提升经济发展质量

高中历史新授课模式

教学模式

一、预习检测

预习检测、发现问题：通过早读任务的布置与检测，教师对于检测情况进行课堂反馈，有利于教师精准把握学情，提前知道学生知识掌握情况，为探究问题的设置奠定基础。

二、导入新课

针对疑难，设置问题驱动：通过预习检测反馈情况确定教学内容，实现教师引导、问题驱动；能够更好地设置出符合本节课的导入，提高学生的学习兴趣，引发学生对于历史与现实的思考。

三、展示成果——新课教学

目标导学一：厘清基础知识

学生通过预习单，能够掌握基础知识，拓宽学习视野。

目标导学二：自主探究，展示成果

问题的设置充分考虑本节课的重难点知识以及学生的具体情况，先以自主探究的形式开展教学活动。学生有自主思考与探究的机会，建立起他们自己与知识的联结。只有让学生摆脱机械重复的学习方式，亲自参与探索、发现与展示的过程，他们才能更好地掌握所学知识，才能懂得如何利用所学知识去解决各类问题，将知识的学习落到实处。

目标导学三：合作探究，解决疑难

展示成果之后，发现问题，若还存在疑难的地方，则需要进行小组合作探究。教师要在尊重学生差异的基础上，尽可能地体现因材施教的理念，确保同一小组内的每一个学生都有机会参与探究，并为每一个学生提供自我展示的机会，从而激发学生持续性的探究兴趣，最终切实有效地提高学生的探究合作成效，助力历史学科科学发展。

四、自评互评

学生展示自主探究成果并互评；教师点评；促进学生主动学习、自我反思。

五、限时检测（最后10分钟）

针对本节课的教学目标和疑难问题，当堂测试，巩固提高。本环节作出如下设计：

（1）学生答题5~7分钟。

（2）学生核对答案，在1~2分钟内完成互改。

（3）教师讲评重难题和易错题。

典型课例

"全球航路的开辟"教学设计

主备人：徐卫东

一、预习检测

见附件预习单。

二、导入新课

（一）学习目标

1. 尝试运用唯物史观分析新航路开辟的原因。

2. 梳理新航路开辟的概况，构建时空观念。

3. 通过材料阅读与分析培养史料实证能力和历史解释能力。

4. 通过同时期事物对比，培养社会责任感和世界意识，涵养家国情怀。

（二）问题驱动

课件展示材料与麦哲伦画像，让学生体会麦哲伦船队超乎想象的艰辛，进而产生疑问：为什么麦哲伦等人要克服千难万险进行远洋航行呢？

三、展示成果——新课教学

目标导学一：厘清基础知识

（1）概括新航路开辟前西欧的社会状况。

（2）新航路开辟的过程。

航海家	时间	航线	支持国	意义
迪亚士				
达·伽马				
哥伦布				
麦哲伦				

（3）其他航路的开辟。

阅读课本，列举新航路开辟后其他欧洲国家开辟更多航路的情况（时间、国家、人物、航线或成就）。其他航路的开辟有何影响？

目标导学二：自主探究，展示成果

见附件导学单"三、探究活动"。

目标导学三：合作探究，解决疑难

学生自主探究并展示，若有问题难以解决则进行小组合作探究，再由小组展示，教师引导、点拨，总结探究问题答案。

探究一：新航路开辟的背景

（1）原因：

①经济根源：14、15世纪西欧国家商品经济发展，出现资本主义萌芽。

②社会根源：人们对黄金白银的渴望和《马可·波罗行纪》的影响。

③商业危机：15世纪中期，奥斯曼帝国控制了东西方之间的商路。

④思想动力：天主教、人文主义精神的影响。

（2）条件：

①统治者积极支持。

②航海技术、造船技术的发展和航海知识的积累。

衔接过渡：通过地图和表格简单展示新航路开辟的过程。

探究二：比较郑和下西洋与新航路开辟

梁启超的观点：郑和下西洋是航海壮举，但对后来中国和世界的影响有限。

回答梁启超提出的问题：

郑和下西洋和新航路开辟影响不同的原因主要有：

①经济基础不同：西方不断进行海外探险，根本上是由资本主义经济的扩张性决定的；中国的航海事业不再继续，根本上是由中国的自然经济决定的。

②目的不同：郑和下西洋是为了宣扬国威，加强与海外的联系；新航路开

辟是为了开拓市场，掠夺财富。

③性质不同：郑和下西洋是与各国友好往来的义举，新航路开辟是殖民扩张活动。

④影响不同：郑和下西洋促进了我国与亚非国家的友好往来；新航路开辟促进了欧洲资本主义的发展，加强了世界各地的联系。

四、自评互评

学生互相点评，教师总结。

五、限时考试

见附件限时检测单。

附： **教学三单**

预习单

一、学习目标

1. 尝试运用唯物史观分析新航路开辟的原因。

2. 梳理新航路开辟的概况，构建时空观念。

3. 通过材料阅读与分析培养史料实证能力和历史解释能力。

4. 通过同时期事物对比，培养社会责任感和世界意识，涵养家国情怀。

二、基础知识梳理

1. 概括新航路开辟前西欧的社会状况。

2. 新航路开辟的过程：

航海家	时间	航线	支持国	意义
迪亚士				
达·伽马				
哥伦布				
麦哲伦				

3. 其他航路的开辟

阅读课本，列举新航路开辟后其他欧洲国家开辟更多航路的情况（时间、国家、人物、航线或成就）。其他航路的开辟有何影响？

三、预习检测

选择题（每题2分，共8分）

1. "即使哥伦布没有发现美洲大陆，达·伽马没有绕好望角航行，在以后的几十年中其他人也会这么做。总之，西方社会已经达到起飞点，即将起飞。"最能支持上述观点的依据是（　　）。

A. 资本主义萌芽的产生

B. 传播基督教思想的需要

C. 转口贸易利润的刺激

D. 造船和航海技术的进步

2. 英国科学家培根指出："三大发明即印刷术、火药和指南针，古人并不知晓；我们应注意到，没有哪个方面的发明就其力量、功效和结果而言，比三大发明更惹人注目。因为三大发明改变了整个世界的面貌和状态。"其中指南针"改变了整个世界的面貌和状态"是指（　　）。

A. 早期殖民扩张的产生

B. 多条海上航线被开辟

C. 世界开始连为一个整体

D. 三角贸易的形成

3. 16世纪，法国人卡蒂埃到达拉布拉多半岛；荷兰航海家巴伦支三次航行北冰洋地区，留下了详细的航行记录和准确的航海图。17世纪初，效力于荷兰的英国人哈得逊曾多次向西北航行，探索经北冰洋通向亚洲的航路。俄罗斯人在北太平洋和西伯利亚地区进行了多次海上和陆上探险，开辟了北太平洋到北冰洋的航线。这些海上探险（　　）。

A. 使人类对地球的认识有了新的飞跃

B. 成为新航路开辟的重要标志

C. 使西欧封建庄园制度全面走向解体

D. 加剧了荷、英、法三国在全球的争夺

4. 学术界把明末以后称作"中西文化融会期"，促成这一"文化融会期"出现的主要因素是（　　）。

A. 新航路开辟与殖民扩张

B. 明朝国力的强盛

C. 西方工业文明的影响

D. 郑和下西洋的推动

导学单

一、学习目标

1. 尝试运用唯物史观分析新航路开辟的原因。

2. 梳理新航路开辟的过程，构建时空观念。

3. 通过材料阅读与分析培养史料实证能力和历史解释能力。

4. 通过同时期事物对比，培养社会责任感和世界意识，涵养家国情怀。

二、预习反馈

分析预习检测得分情况，解疑释惑。

三、探究活动

探究一：新航路开辟的背景

材料一　15世纪末期的欧洲，社会分工不断扩大，资本主义萌芽出现，城镇迅速增加，商品经济日益发展，货币的需求量大大增加。于是，欧洲的国王、贵族和商人发疯似地到处追求黄金和白银，货币日益取代土地成为社会财富的主要标志，货币成为普遍的交换手段，形成一股贵金属热。

——王斯德《世界通史》

材料二　14—17世纪文艺复兴运动的核心——人文主义提倡人们对现实生活的追求，追求人的个性解放和自由平等，推崇人的经验和理性，提倡人类认识自然、征服自然，以造福众生。

——徐蓝《世界近代现代史（1500—2007）》

材料三　15世纪中叶奥斯曼帝国兴起，先后占领小亚细亚和巴尔干半岛，控制传统商路，对过往商品征收重税（比原价高8～10倍）。因此，西欧各国迫切需要开辟一条通往东方的新航线。

——周一良、吴于廑《世界通史资料选辑·中古部分》

材料四　信奉天主教的葡萄牙人和西班牙人，在反抗穆斯林（摩尔人）统治和压迫的斗争中，建立起中央集权的专制统治，并产生了强烈的民族情绪和宗教情绪，当他们在向海外扩张时也把传播基督教作为自己的精神动力。

根据以上材料并结合课本，概括新航路开辟的背景。

探究二：比较郑和下西洋与新航路开辟

材料：谓大陆人民，不习海事，性或然也，及观郑君，则全世界历史上所号称航海伟人，能与并肩者，何其寡也。郑君之初航海，当哥伦布发现亚美利加以前六十余年，当维哥达嘉马（达·伽马）发现印度新航路以前七十余年。顾何以哥氏、维氏之绩，能使全世界划然开一新纪元，而郑君之烈，随郑君之没以俱逝。我国民虽稍食其赐，亦几希焉。则哥伦布以后，有无量数之哥伦布，维哥达嘉马以后，有无量数之维哥达嘉马。而我则郑和以后，竟无第二之郑和，噫嘻，是岂郑君之罪也。

——梁启超《祖国大航海家郑和传》，《郑和研究资料选编》

概括梁启超的观点，尝试回答梁启超提出的问题。

限时检测单

（限时7分钟，共20分+8分）

一、选择题（每题2分，共12分）

1.15世纪开始的探险活动中，到达印度的达·伽马——发现太平洋的巴尔沃亚，首次环球航行的麦哲伦都是贵族，形成了国王牵线、商人出钱、贵族冲锋陷阵的扩张格局。据此可知，新航路开辟（　　）。

A. 扩大了商品销售市场

B. 是多元力量共同作用的结果

C. 壮大了封建贵族力量

D. 世界开始成为一个整体

2. 14 世纪以来，欧洲在发现了"人"的基础上又发现了"世界"，它们共同推动了（　　）。

A. 大西洋沿岸经济的繁荣

B. 基督教思想的传播

C. 欧洲资本主义的发展

D. 拉丁美洲的民族解放运动

3. 新航路开辟后，人类历史发生了重大转折。这一"转折"主要是指（　　）。

A. 欧洲商路和贸易中心发生转移

B. 欧亚地区资本主义迅速发展

C. 人类第一次建立起全球性联系

D. 资本主义殖民体系初步确立

4. （2021·浙江高考）某航海家在日志中写道：1492 年 8 月 3 日早晨，我从（西班牙）帕罗斯出发，向西"前往位于大西洋上的加那利群岛，然后从那里出发前往印度。这次航海的任务是作为国王陛下的使节，完成国王陛下吩咐给我的任务，向彼岸的君主致以我们的问候。"该航海家（　　）。

A. 深信"地圆说"

B. 途经了非洲最南端的海角

C. 在东方实现了"黄金梦"

D. 找到了通往东方的新航线

5. 最早开辟新航路的迪亚士曾经说过，他航行的目的是"为皇帝陛下服务，给处于黑暗中的人们带去光明，并像所有人渴望的那样去发财致富"，其中"给处于黑暗中的人们带去光明"是指（　　）。

A. 给原住民带去人文主义思想

B. 向原住民传播航海技术

C. 给原住民带去皇帝的恩典

D. 向原住民传播天主教

6. 1493 年，罗马教皇作出仲裁，画出一条分界线，该线规定了西、葡两国的势力范围。由于葡萄牙不满这一仲裁，西、葡两国又于 1494 年缔结条约，把这条线向西移动了 270 里格。这反映了新航路开辟后（　　）。

A. 西、葡的矛盾日益尖锐

B. 教会势力空前强化

C. 世界各地联系日益紧密

D. 国际分工开始出现

二、非选择题（8 分）

7. 新航路开辟之后，出现了物种在全球范围内的交流，被称为"哥伦布大交换"，其影响深远。阅读下列材料：

材料　在美洲被征服的过程中，大量印第安人死于屠杀和折磨。更悲惨的是，新大陆没有天花、白喉等疾病，印第安人对这些疾病毫无免疫力，欧洲人带来的这些疾病造成他们死亡的数量可能更大，有的村子因此整个灭绝。据估计原来有 1000 万到 2500 万人口的新西班牙（阿兹特克帝国），到 17 世纪初只剩下不到 200 万人，同时期印加人从约 700 万减少到只有约 50 万……随着印第安人大量死亡，劳动力来源日趋紧张，于是殖民者又从非洲运来黑人，迫使他们在种植园里劳动。

——王加丰《世界文化史导论》

据材料指出欧洲征服美洲的后果。结合所学知识，说明欧洲征服美洲的经济动因。

三、附加题（8 分）

材料　各民族的原始封闭状态由于日益完善的生产方式、交往以及因交往而自然形成的不同民族之间的分工消灭得越是彻底，历史也就越是成为世界历史。

世界史不是过去一直存在的；作为世界史的历史是结果。

——《马克思恩格斯文集》

根据马克思和恩格斯对"世界历史"形成的论述，说明新航路的开辟在世界历史形成过程中的作用。

"第一次世界大战与战后国际秩序"教学设计

主备人：吕翅飞

一、预习检测

（一）预习目标

历史解释：通过了解第一次世界大战的史实，理解 20 世纪上半叶国际秩序的变动。

唯物史观：通过结合史料，分析帝国主义的本质和第一次世界大战前两大军事集团形成的原因，理解第一次世界大战爆发的必然性，培养运用历史唯物主义和辩证唯物主义分析历史问题的能力。

时空观念：借助历史地图等，认识第一次世界大战与战后国际秩序所处的时空环境，认识史实背后的阶段特征。

史料实证：通过历史图片和历史资料提出问题、创设情境，分析第一次世界大战对国际政治秩序的影响，提高探究分析历史问题的能力。

家国情怀：理解第一次世界大战对世界秩序的影响，认识全人类反对战争、追求和平的愿望。

（二）预习检测

见附件预习单。

二、导入新课

通过一张美西战争的绘画作品导入新课，并伴随教师的讲解。

教师提问：主要资本主义国家何时进入帝国主义阶段？为什么在这一阶段会爆发更大规模的战争？

三、展示成果——新课教学

目标导学一：厘清基础知识

（1）能够较为全面地理解第一次世界大战爆发的背景、原因。

（2）能够较为全面地认识、评价第一次世界大战后的国际格局。

目标导学二：自主探究，展示成果

（1）展示材料，营造问题情境，要求学生看材料，结合教材内容及所学知识，指出帝国主义的本质特征。

（2）通过文字材料、地图材料展示，让学生合作探究第一次世界大战爆发的原因，理解一切战争都是政治、经济、社会因素综合作用的结果。19世纪晚期至20世纪初，随着第二次工业革命和垄断组织的产生，主要资本主义大国发展到帝国主义阶段，资本主义经济快速发展，导致各国经济、政治发展不平衡，实力对比发生重大变化，各国间的矛盾激化。

（3）通过对萨拉热窝事件的剖析，了解巴尔干地区矛盾的尖锐性，设置课堂探究，认识第一次世界大战的爆发是必然性和偶然性的统一。理解看待历史事件时，既要看到直接原因，也要看到根本原因。

目标导学三：合作探究，解决疑难

过渡：第一次世界大战结束后，战胜的协约国为了处理战败国，缔结和约，对战后世界秩序作出安排，先后召开了两个重要会议，即巴黎和会和华盛顿会议，通过这两个会议形成了第一次世界大战后新的世界政治格局：凡尔赛—华盛顿体系。

设问：结合教材内容及所学知识，指出第一次世界大战后的凡尔赛—华盛顿体系的主要内容并进行评价。

过渡：为了维护帝国主义在远东和太平洋地区的统治秩序，解决巴黎和会没有解决的问题，1921—1922年美日等九国代表在华盛顿举行会议。

设问：结合教材内容及所学知识，指出华盛顿体系的主要内容并进行评价。

设问：根据凡尔赛体系作出的建立国际联盟的安排，联系教材所学知识，概括国际联盟的性质、宗旨、原则、影响等内容，通过对委任统治的认识，揭示国际联盟作为英法工具的本质。对凡尔赛—华盛顿体系进行总结，指出帝国主义以强权政治原则重新瓜分世界，不能带来永久的和平与安宁。

设问：根据材料，概括第一次世界大战对欧洲格局产生了什么影响？（四国摧毁，两国衰落，美日崛起，苏俄建立，开始改变以欧洲为中心的世界格局）

设问：根据材料，概况第一次世界大战对殖民地半殖民地的影响。（促进了殖民地半殖民地国家的民族觉醒）

设问：第一次世界大战对人们的思想观念有何影响？（改变了人们的观念，战后和平运动日益高涨）

四、自评互评

学生互相点评，教师总结。通过对习近平主席提出构建人类命运共同体理念的说明，让学生理解这一思想为未来世界和平发展提供了中国智慧。

五、限时考试

见附件限时检测单。

附： 教学三单

预习单

一、单选题

1. 有学者指出："当 1914 年 8 月欧洲各国为一个具体的国家争端而宣布加入这场战争时，我们看到的是聚集在这些国家首都的欢呼雀跃的人群，是支持政府开战的所谓'爱国主义'喧嚣。各国文官政府主要考虑的是如何及时应战，以避免削弱自己，壮大对手。军方则仍然停留在 19 世纪的战争思维上，以为靠一两次毕其功于一役的战役便高下立见。"据此可知，这场战争爆发和扩大的原因有（　　　）。

①狂热的民族利己主义；②参战国家的战略误判；③集体安全体系的落空；④欧洲各国间利益冲突。

A. ①②　　　　　　　　　　　　　　　　B. ①②③

C. ①②④　　　　　　　　　　　　　　　D. ①②③④

2. 位于比利时的华工雕塑上铭刻着这样的文字：公元 1917 年，第一次世界大战惨烈，人力急缺，14 万华工抵欧，解协约国后勤之燃眉。是年 1 月 15 日夜，德军轰炸布思本村华工营地，13 名华工牺牲。值此惨案百年之际，特建华工群雕塑，以铭记今日和平之不易，告慰死于欧洲战场之数千华工，华工入欧（　　　）。

A. 迫使列强放弃对中国的经济侵略

B. 基本上解决了欧洲劳动力问题

C. 为协约国一方取得胜利作出了贡献

D. 显示了欧中人民之间的友好情谊

3. 华盛顿会议期间，美国首席代表休斯"总是赞同这样一种理论，即本国绝不会由于日本对中国的任何侵略而走向战争，因此最多只能做到使日本住手"。鉴于此，美国参与签订了（　　　）。

A.《关于太平洋区域岛屿属地和领地的条约》

B.《美英法意日五国关于限制海军军备条约》

C.《解决山东问题悬案条约》

D.《九国关于中国事件应适用各原则及政策之条约》

4.《国际联盟盟约》规定,"凡任何战争或战争威胁,不论其直接或间接涉及联盟任何会员国,皆为有关全体之事,联盟应采取措施,以保持各国间之和平……"。对这一规定的理解不正确的是（　　　）。

A. 是第一次世界大战后和平主义思潮的体现

B. "委任统治"是这一规定的具体实践

C. 体现了国际联盟集体安全原则

D. 是对第一次世界大战所带来惨痛教训的一种反思

5.《欧洲史》对第一次世界大战有以下描述:"妇女们在兵工厂里装配炮弹,因此被谴称为'军火商'。然而,田间、工厂、办公室、运输等工作为妇女们打开了劳动世界的大门。"该现象反映了（　　　）。

A. 妇女为战胜同盟国作出重大贡献

B. 妇女的政治地位因为第一次世界大战而提高

C. 第一次世界大战客观上改变了妇女的传统地位

D. 第一次世界大战使妇女普遍进入了生产领域

6.《剑桥战争史》中写道:"1916年末……德国试图火速提高军事生产的努力最终却毁灭了他的经济,导致了1918年德国的崩溃。似乎为了对拿破仑进行阐述,上帝还是站在了较大工业的这边。"作者的核心观点是（　　　）。

A. 第一次世界大战摧毁了德国的工业经济

B. 拿破仑对外战争有非正义性

C. 第一次世界大战中德国的军事装备落后

D. 经济是战争胜败的决定性因素

7. 近代英国在海军建设上长期奉行"双强标准",即其海军实力必须等于其他两个海军最强国的总和。尽管第一次世界大战后英国因为财政拮据,不得不放弃这一标准,但其仍坚持不弱于其他最强舰队的原则。下列有关近代英国"海军建设"的表述,正确的是（　　　）。

A. 第一次世界大战前海军实力已经被新兴的德国超过

B. 第一次世界大战后承认与美海军力量处于同等地位

C. 第一次世界大战后允许德国拥有潜水艇和轻型战舰

D. 第二次世界大战中一次撤离时英国海军全军覆没

8. 巴黎和会上，法国总统普恩加莱在开幕致辞时就急迫地提出肢解德国的方案，美国总统威尔逊主张首先讨论建立国际联盟的问题，英国代表则更多地关心对德国海外殖民地的瓜分。这些现象说明了资本主义世界（　　　）。

A. 政治力量对比发生变化

B. 海外市场争夺矛盾重重

C. 世界霸权中心即将转移

D. 英、法防范新兴政治体

9. 1921年8月，美国向英、法、意、日、中五国发出正式邀请。邀请书指出，须有要求和平的意愿并消除国家间误会，而在对太平洋及远东有关问题的讨论中应该遵循尊重友谊、去除争端的原则，英、法、意、中等国当即表示同意。美国此举意在（　　　）。

A. 重新加入国际联盟

B. 帮助中国收回山东主权

C. 确立亚太地区霸权

D. 与大国共享亚太领导权

二、材料分析题

10. 阅读材料，回答问题。

材料　巴黎和会上关于德国的疆界问题，引起列强之间最激烈的唇枪舌剑，克里孟梭为了使法国免遭德国的再次入侵，想从领土上肢解德国，提出了严厉处置德国的领土方案：莱茵河成为法国的西部边界，使法国得到一条自然的边界；收回被德国吞并的阿尔萨斯和洛林地区，并取得德国的产煤区——萨尔区等。这个方案不仅要改变莱茵河西岸领土的归属，而且将使法国控制整个西欧最重要的军事工业区鲁尔。英美两国意识到，如果法国的要求得以满足的话，法国的经济实力就会空前增强，战略地位大大提高，从而为法国称霸欧洲提供雄厚的经济基础和外部环境。因此，法国的要求对英美两国日后干预欧洲事务，玩弄均势外交是一个严重的威胁。于是，英国和美国联合起来抵制法国的要求。根据《凡尔赛条约》的规定，德国损失了10%的领土，12.5%的人口。随着和约签订建立的凡尔赛体系虽然暂时调整了帝国主义列强的关系，但无法解决它们之间的根本矛盾，从而为第二次世界大战埋下祸根。

——摘编自黄忠东《英国和凡尔赛体系》

（1）根据材料并结合所学知识，分析巴黎和会上对德国疆界处置斗争激烈的原因。

（2）根据材料并结合所学知识，说明巴黎和会上对德国疆界问题处理产生的影响。

导学单

一、学习目标

1. 能够较为全面地理解第一次世界大战爆发的背景、原因。

2. 能够较为全面地认识、评价第一次世界大战后的国际格局。

二、问题探究一

材料一：

英、法、德、美工业生产在资本主义世界所占比重（%）

国家	1870 年	1913 年	在殖民地面积上所占位次（1913 年）
英国	31.8	14	1
法国	10	6	2
美国	23.3	35.6	5
德国	13.2	15.7	4

1913—1914 年列强经济实力及其占有殖民地情况

国家	占世界工业总产量（%）	殖民地面积（万平方千米）
英国	14	3350
法国	6	1060
德国	16	290
美国	38	30

问题一：材料一说明了什么问题？

材料二：19世纪末20世纪初，主要资本主义国家不同程度地走上了政治民主化的道路，但毕竟政治民主化的发展程度不一致，有两种不同的类型：第一类以英、法、美为代表，资产阶级民主制度较为健全；第二类以俄、德、日为代表，专制主义和军国主义的色彩较为浓厚。

问题二：材料二说明了什么问题？

材料三：德国向自己的一个邻国让出陆地，向另一个让出海洋，而给自己留下一钱不值的天空，这样的时代一去不复返了！……我们不愿意把任何人挤到阴暗的角落，但我们也要给自己一块光明之地，一块阳光下的地盘。

——德国外长皮洛夫1899年末的讲话

问题三：材料三反映了当时德国要推行怎样的外交政策？该政策对当时世界产生了怎样的影响？

材料四：在20世纪初的欧洲，"每个国家突然之间有了要使自己强大的感情，但忘记了别的国家也会有同样的情绪；每个国家都想得到更多的财富，每个国家都想从别国得到点什么"。"在1914年战争开始的几个星期里，最爱好和平，最心地善良的人，也像喝醉了酒似的两眼杀气腾腾。"

问题四：材料四说明了什么问题？

材料五：20世纪的世界已基本上形成一个整体，各国联系日益加强，形成"牵一发而动全身"的局面。生产力的迅速发展和科技的飞速进步，为世界大战的爆发和扩大提供了必要的物质和技术基础，使战争能在更大范围内进行，从而形成世界性大战。

问题五：材料五说明了什么问题？

综上所述：请总结第一次世界大战发生的背景、原因。

三、问题探究二

材料一：根据《凡尔赛条约》及之后的一系列条约，欧洲的地图被重新勾画。奥匈帝国瓦解，奥地利、匈牙利变成独立的两个国家，捷克斯洛伐克和南斯拉夫也宣告成立。罗马尼亚从匈牙利和保加利亚那里接管了部分领土。而波罗的海沿岸国家则纷纷独立，其大部分都是从俄罗斯帝国分割出来的。同样获得独立的波兰，其国土包括了之前属于德国的部分，并通过位于但泽的"波兰走廊"入海。法国重新获得了在普法战争中丢失的阿尔萨斯和洛林地区，比利时与丹麦也获得了德国的一些领土。总的来说，德国失去了其战前领土的13%，而其殖民地则变成了协约国中此国或彼国的新属地。这些领土的分配并不尽如人意，多数国家都对业已设定的国界线心存不满，这给后来的争端种下了祸根。

法国元帅福煦曾说"这不是和平，是20年的休战"。列宁指出，"《凡尔赛条约》是强盗、掠夺者、高利贷者、刽子手和屠夫的和约。""靠凡尔赛和约来维系的整个国际体系、国际秩序是建立在火山上的。"

弱国无外交，这在和会上体现得淋漓尽致，弱小国家的命运完全被操控在刽子手的手中。在战后，德国被迫接受"这场战争完全都是德国的错"（并不完全符合历史事实）这样的观点，还要为战争所带来的伤害与损失支付巨额的经济赔偿。其武装部队被大幅缩减，国内复仇情绪日益增长。

华盛顿会议上美国是一箭三雕的赢家，其海军力量与英国平分秋色，在亚太地区又制约了日本的扩张，并采取了恰当的方式迫使日本部分退出中国，美国扮演了和平使者的角色，但实际上果真如此吗？

根据材料一，如何认识《凡尔赛条约》和华盛顿体系？

材料二：英、法受各种因素困扰，不愿在和平解决的工作方面扮演主角。在美国总统伍德罗·威尔逊的敦促下，国际联盟建立但美国并未参加，由于意识形态的问题苏联被排除在外，因此其作用是相当有限的。全体一致原则致使国际联盟根本无法采取实质性的行动，英、法视其为政治筹码和工具，不公平的事情屡见不鲜，英、法之间关于处理战败的德国的矛盾由来已久，也使国际联盟的意见无法统一。

国际联盟的出现毕竟是个新鲜事物，会议上的争吵代替了军事上的冲突，我们不能不说这是人类历史上的一大进步。

根据材料二，如何认识国际联盟？

限时检测单

（限时 7 分钟，共 100 分）

一、选择题（每题 10 分，共 50 分）

1. 凡尔赛体系的建立，在一定程度上体现了国际关系格局进一步民主化。这一民主化表现在（　　）。

A. 用集体缔约的方式来解决国际争端

B. 用集体提供安全保障的办法维护世界和平

C. 用召开国际会议的办法解决国际矛盾

D. 用集体威胁的办法遏制企图发动侵略的国家

2. "（第一次世界大战）最重要的背景因素有五个：经济上的竞争、殖民地的争夺、相互冲突的联盟体系、势不两立的民族主义愿望和不可逆转的军事时间表。"对此理解正确的是（　　）。

A. 欧美列强在第一次世界大战前均已制订作战计划

B. 世界性经济危机是第一次世界大战爆发的主要原因

C. 两大军事集团的形成是第一次世界大战爆发的重要原因

D. 巴尔干地区的民族矛盾是第一次世界大战爆发的根本原因

3. 第一次世界大战是帝国主义战争，这一结论的最主要依据是（　　）。

A. 交战双方主要是帝国主义国家

B. 主要交战国的目的是重新瓜分世界

C. 后起的资本主义国家要压倒老牌资本主义国家

D. 英德矛盾是导致战争爆发的主要因素

4. 第一次世界大战爆发后，远离欧洲的日本对德宣战。在对德通牒和宣战诏书中，日本声称是为了"永保东亚和平"及"维护日英同盟的利益"；日本首相发表演说，强调日本参战是对德国鼓动干涉还辽的复仇战。这些行为（   ）。

A. 反映了德日矛盾的激化

B. 意在掩盖参战意图

C. 维护了英日同盟的利益

D. 力图保护东亚和平

5. 作家茨威格以"一个欧洲人的回忆"记录下曾亲历的社会政治事件。其中写道：曾经发誓战斗到最后一息的威廉二世皇帝终于越境出逃了。那一天却给我们带来许多宽慰。因为我们——当时全欧洲的人也和我们一样——相信战争永远结束了。蹂躏我们这个人类世界的野兽都已被制伏。我们相信威尔逊的纲领，就好像它完全是我们自己的纲领似的。当俄国还在以人道主义和理想主义的思想欢庆自己蜜月的日子里，我们仿佛看到了朦胧的曙光。下列各项中，与作者回忆直接相关的是（   ）。

①德国战败，德意志帝国瓦解；②美国崛起，国际联盟建立；③十月革命胜利，苏维埃政权建立；④威尔逊提出"十四点原则"。

A.①③　　　　　　　　　　B.②④

C.①③④　　　　　　　　　D.①②③④

二、非选择题（共50分）

6. 阅读以下材料：

材料　巴黎和会上，瓜分土耳其的中东阿拉伯领地时，法国坚持要占有包括黎巴嫩、巴勒斯坦、摩苏尔在内的大叙利亚。英国反对，认为大叙利亚的面积过大。即使法国放弃对巴勒斯坦和摩苏尔的要求，英国仍不同意大叙利亚计划，逼得法国总理克里孟梭说，这样一来"留给劳合·乔治选择的只有枪或剑了"。

关于如何处置战败国德国的殖民地和土耳其的中东阿拉伯领地，各主要国家接受了美国总统威尔逊倡议的"十四点原则"中的委任统治主张，即实行委任统治是因为"其居民尚不能自立"，接受委任统治的国家也就是接受了为"此等人民之福利及发展"的"文明之神圣任务"。

——摘编自吴于廑等主编的《世界史》

（1）根据材料并结合所学知识，概括英、法发生的争执及其实质。（20分）

（2）根据材料并结合所学知识，围绕英、法争执，评价威尔逊的主张。（30分）

高中地理新授课模式

教学模式

一、预习检测，巩固基础

通过预习单让学生课前自主梳理本节课知识，明确学习中的疑难点，并对检测结果及时作出评价。

二、情境导入，明确目标

明确学习目标，突出学科核心素养、核心知识和重点难点。核心知识要具体，明确本节课知识在高考中的地位。

三、自主探究，发现问题

利用导学单引导学生自主探究本节课重要知识点，以自主学习为主线，以深度学习为核心，培养学生发现、提出、探究、解决问题的能力。

四、合作探究，解疑释难

对自主学习不能解决的核心知识，组织学生进行合作探究，并对小组合作作出评价。

五、限时检测（高考），检测提升

通过 10 分钟的课堂检测了解学生对本节课知识的掌握情况，并对疑难问题进行精讲点评。本环节设计如下：

（1）学生答题 7 分钟。

（2）学生核对答案，在 1~2 分钟内完成互改。

（3）教师点评重难题和易错题。

典型课例

"太阳对地球的影响"教学设计

主备人：孙冬果　审核人：贺明珠

一、课标要求

运用资料，描述地球所处的宇宙环境，说明太阳对地球的影响。

二、学习目标

1. 理解太阳辐射对地球的影响。

2. 学会分析影响太阳辐射的因素。

3. 结合图片及相关资料掌握太阳大气层的结构和太阳活动的类型。

4. 结合实例分析太阳辐射对地球的影响。

5. 结合实例分析太阳活动对地球的影响。

三、教学重难点

重点：

1. 太阳的能量来源及其对地球的影响。

2. 太阳活动（黑子和耀斑）对地球的影响。

难点：太阳活动（黑子和耀斑）对地球的影响。

四、教学设计

北京时间 2012 年 7 月 12 日，活动区 11520 爆发了一次 X1.4 级耀斑，峰值时刻为 2012 年 7 月 12 日 16 时 49 分，并且引起地球周围质子流量增强，达到质子事件的标准。该耀斑伴随一次 Halo CME 过程，该 CME 朝向地球，相关单位要注意。中国科学院国家天文台太阳活动预报中心报道。

（一）太阳辐射与地球

讨论：阅读相关内容和所学知识分析思考：

（1）太阳大气的成分。

（2）太阳辐射的概念及能量的来源。

（3）太阳辐射对地球的影响。

（师生总结）

活动探究一：

读课本第 9 页图思考：

（1）北半球大气上界太阳辐射的分布规律是什么？

（2）生物量与大气上界太阳辐射的分布有什么关系？

总结：生物量与太阳辐射呈正相关性；低纬度地区太阳辐射强，生物量多；高纬度地区太阳辐射弱，生物量少。

活动探究二：

读课本第 9 页图思考：我国哪些地区太阳辐射总量最多，哪些地区太阳辐射总量最少？说明其原因。

活动探究三：

青藏高原成为我国太阳辐射高值中心的原因是什么？

总结：纬度较低，正午太阳高度大；地势高，空气稀薄，大气对太阳辐射削弱作用小；晴天多，日照时间长；大气中尘埃含量少，透明度高，到达地面的太阳辐射量多。

活动探究四：

四川盆地成为我国太阳辐射低值中心的原因是什么？（此处教师借助 PPT 课件出示中国地图，显示不同地区受太阳辐射情况）

总结：盆地形状，水汽不易散发；阴雨天多，空气中水汽含量多，日照时间短，太阳能资源贫乏。

过渡：我们知道太阳为人类的生存提供了能量，但由于太阳的不稳定，即太阳活动时，也会对人类产生不利影响。

（二）太阳活动与地球

启发提问：太阳的大气层分为哪三层？请同学们观察太阳大气层结构图、太阳黑子图、太阳耀斑图以及图"太阳黑子数的变化"，并阅读课文，回答问题：

（1）太阳大气层从里到外分哪几层？

（2）最里的一层厚度、温度如何？什么叫太阳黑子？太阳黑子的周期如何？

（3）中间的一层有何特点？其活动的主要标志是什么？

（4）最外一层有何特点？其活动对地球有哪些影响？

小结：除此以外，太阳活动的影响还有很多，现在有人专门在研究"太阳活动与气候""太阳活动与人体健康"等，太阳之所以会有如此大的影响，关键在于它有太多、太大的能量。

五、教学反思

本节课的重点是讲述太阳辐射及太阳活动对地球的影响，并分别从地理环境和人类活动两个角度进行阐释。与此同时，教会学生辩证地去看待宇宙环境对地球的影响。本节课知识点比较简单，可以通过自主学习和小组合作学习的形式去解决地理问题，引导学生主动思考，培养学生不断质疑的能力。同时，要指导学生读图，让学生学会读图，并且可以运用已经学过的知识去解决地理问题。

通过预习单让学生课前自主学习本节课知识，利用导学案引导学生探究本节课的重要知识点，最后 10 分钟的限时检测检验学生对本节课知识的掌握情况。需要反思的地方也有很多。我在处理学生活动时，缺少了带领学生分析题目、引导学生解题的环节，留给学生思考的时间也比较短。在教学中，应该重视学生自主学习和合作讨论活动的开展，让学生学会分析解决问题，培养学生的地理思维能力。我在课上由于拓展的内容比较多，占用时间较多，讲述时间偏长，留给学生自主学习的时间较少，削减了学生的合作探究的时间，所以有几个问题学生回答得不尽如人意。

总体来说，通过这节课，我学到了很多。首先在学案的准备上，一定要早下功夫，勤下功夫，尽量完善学案，让学生可以通过预习单提前预习要学的知识，并且把要拓展的知识准备齐全，尽早地呈现给学生。其次，要给学生留出预习和思考的时间，不能满堂灌。课前提问和课后总结练习是检验教学成果的有效途径。教师是课堂的主导，学生才是学习的主体，只有学生的主体作用发挥出来，学生才能真正掌握所学知识。

附： 教学三单

预习单

一、太阳辐射对地球的影响

1. 太阳的概况 { 状态：巨大炽热的①

　　　　　　　主要成分：②和③

　　　　　　　能量来源：太阳内部的④反应

①为＿＿＿＿＿＿＿＿＿＿＿＿；②为＿＿＿＿＿＿＿＿＿＿＿；

③为＿＿＿＿＿＿＿＿＿＿＿；④为＿＿＿＿＿＿＿＿＿＿＿。

2. 太阳辐射

（1）概念：太阳源源不断地以＿＿＿＿＿＿的形式向宇宙空间放射能量的现象。

（2）对地球的影响：

①为地球提供＿＿＿＿＿＿。

②维持着地表＿＿＿＿＿＿，是地球上的＿＿＿＿＿＿、＿＿＿＿＿＿运动和＿＿＿＿＿＿的主要动力。地球上不同纬度接受的太阳辐射不同，使得许多自然地理现象呈现＿＿＿＿＿＿的差异。

③为我们生产、生活提供＿＿＿＿＿＿。煤、石油等矿物燃料是＿＿＿＿＿＿。

二、太阳活动对地球的影响

1. 太阳的外部结构：由内向外依次为＿＿＿＿＿＿、＿＿＿＿＿＿、＿＿＿＿＿＿。

2. 太阳活动概况。

（1）主要类型和位置：黑子＿＿＿＿＿＿、耀斑＿＿＿＿＿＿。

（2）强弱的标志：＿＿＿＿＿＿的多少和大小。激烈的标志：＿＿＿＿＿＿。

（3）周期：约为＿＿＿＿＿＿。

3. 太阳活动对地球有哪些影响？

4. 极光是如何产生的？

导学单

活动探究一：

读课本第 9 页图思考：

1. 北半球大气上界太阳辐射的分布规律是什么？

2. 生物量与大气上界太阳辐射的分布有什么关系？

活动探究二：

读图思考（用 PPT 出示我国太阳辐射情况地图）：

我国哪些地区太阳辐射总量最多，哪些地区太阳辐射总量最少？说明其原因。影响太阳辐射的因素有哪些？

活动探究三：

青藏高原成为我国太阳辐射高值中心的原因？

活动探究四：

四川盆地成为我国太阳辐射低值中心的原因？

限时检测单

（限时 10 分钟，共 49 分）

一、选择题（每题 4 分，共 40 分）

风光互补是一套发电应用系统，该系统利用太阳能电池方阵、风力发电机将发出的电能存储到蓄电池组中，当用户需要用电时，逆变器将蓄电池组中储存的直流电转变为交流电，通过输电线路送到用户负载处。

1. 驱动电池方阵工作的太阳辐射能（   ）。

A. 随纬度升高而递增

B. 随海拔升高而递减

C. 源自地球内部核聚变反应

D. 受天气状况影响大

2. 该系统在我国使用最佳的地区为（   ）。

A. 新疆   B. 广东

C. 四川   D. 云南

3. 该系统采用风光互补的主要目的是（   ）。

A. 加大用电量   B. 保证供电稳定

C. 降低设备成本   D. 减少输电损耗

4. 观察图 1 和图 2，图 2 中黑色区域（   ）。

 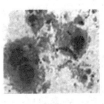

图1   图2

A. 比周边区域温度高   B. 出现于太阳大气的 d 层

C. 出现时太阳活动减弱   D. 所在太阳大气层厚度最大

5. 图 2 所示现象的出现对地球产生的影响有（   ）。

A. 无线电长波通信中断

B. 低纬度地区可见极光机会增加

C. 极端天气现象减少

D. 太空飞行器可能受损

6. 当黑色区域的数量增多时，同时出现的现象有（   ）。

A. b 活动可能爆发   B. 年降水量增多

C. 太阳辐射增强   D. 火山活动活跃

美国东部时间 2018 年 8 月 12 日 3 时 31 分，"帕克"太阳探测器于美国佛罗里达州卡纳维拉尔角空军基地成功发射升空，开启为期 7 年的逐日之旅。这将是人造航天器首次抵达恒星大气层。"帕克"太阳探测器于2018年11月1日第一次抵达太阳大气层的日冕附近，执行首个探日任务。

7. "帕克"太阳探测器飞往太阳大气层过程中所利用的能源主要为（　　）。

A. 太阳能　　　　　　　　　　B. 引力能

C. 重力能　　　　　　　　　　D. 地热能

8. "帕克"太阳探测器飞行途中不可能遇到（　　）。

A. 超低温　　　　　　　　　　B. 高真空

C. 强辐射　　　　　　　　　　D. 地震

9. "帕克"太阳探测器抵达太阳日冕层主要观察的太阳活动最可能是（　　）。

A. 黑子　　　　　　　　　　　B. 耀斑

C. 太阳风　　　　　　　　　　D. 日珥

10. 日冕层的太阳活动活跃时（　　）。

A. 全球降水量明显增加

B. 无线电短波通信中断

C. 地球磁场突然消失

D. 两极地区出现极昼

二、综合题（共9分）

11. （1）太阳黑子主要发生在太阳大气层中，其活动周期约为_____年。太阳黑子数量的多少是_____的标志，太阳活动激烈的标志是_____。（4分）

（2）乔木生长的能量主要来自_____，其同时是_____和水循环的主要动力。（2分）

（3）说出太阳黑子高峰年两极地区极易出现极光现象的原因。（3分）